KB235356

꼭 알아두어야 할

상속의 모든 것

소네 게이코 지음 | 오근영 옮김

서가BOOKS

꼭 알아두어야 할
상속의 모든 것

2008년 10월 20일 초판 1쇄 발행

지은이 소네 게이코
옮긴이 오근영
펴낸이 남상진
펴낸곳 서강 출판사

책임편집 이미경
편집 최승희
디자인 아름다운사람들
인쇄 서강총업(주)

등록 | 1987년 11월 11일 제 11-20호
주소 | 413-756 경기도 파주시 교하읍 문발리 파주북시티 500-11
전화 | (031) 955-0711, 0712 | 팩스 (031) 955-0720 | 전자우편 sgbooks@naver.com

ISBN | 978-89-7219-279-4   03320
일원화 공급처 (주)북새통 서울 마포구 서교동 464-59 서강빌딩 6층
전화 (02) 338-0117 | 팩스 (02) 338-7160, 7161
전자우편 bookmania@booksetong.com

* 책값은 뒤표지에 있습니다.

인간의 소망은 행복하게 살다가 행복하게 떠나는 것이다. 그런데 삶의 전반이 다복하고 여유로웠던 사람일지라도 세상을 떠날 무렵 자손들에게 엄청난 분쟁을 남기게 되는 경우가 있다. 원래의 의도와 달리 힘겹게 쌓아 놓은 유산들이 분쟁의 원인이 되어 버린 탓이다.

인생 전반이 아무리 평탄해도 마지막이 고통으로 얼룩지면 뒷모습이 추해질 수 있다. 그만큼 삶의 마무리가 중요하기에 행복한 노후 준비는 이제 모든 사람의 필수 코스가 되고 있다.

노후를 편안하게 보내려면 상속재산분할에 관심을 기울여야 한다. 그런데 본인도 만족스럽고 남아 있는 자손들도 대체로 수긍할 정도의 재산 분배는 결코 쉽지 않다. 상속재산분할 문제는 실로 복잡하다. 오랜 세월 동안 이 문제를 안고 있다가 가족끼리 합의가 될 수 없을 정도로 뒤틀려 있는 경우도 적지 않다. 부모 자식이나 동기간에 재판을 하기도 한다. 때문에 어떻게든 이 문제를 해결하고 싶어 상담을 하는 사람들이 늘어나는 추세이다.

유산을 물려받을 상속인이 둘 이상이라면 현실적으로 분쟁이 일어나지 않는 것이 오히려 이상할 수 있다. 돌아가신 분에게 재산이 있다는 것은 상속인이 자유롭게 나눌 수 있다는 의미이다. 더구나 경기가 좋지 않아 불황에 허덕이는 요즘, 재산을 획득할 기회가 왔다며 고인에게 감사하기는커녕 그것을 당연한 권리로 주장하는 사람이 적지 않다.

호주상속제도가 없어진 현재는 재산을 집에 남긴다는 개념이 점점 희박해지고 있다. 장남이라는 이유로, 혹은 가문의 후계자라는 이유로 상속을 받던 관습이 무너진 것이다. 그것은 가장의 권위가 흐지부지되는 것과 마찬가지로 시대의 흐름이기도 하다.

한 개인이 살아온 증거로서 무엇을 남기고 싶은지는 제각각 다를 것이다. 형태가 있는 재산을 남기는 것도 중요하지만 마음을 남기고 생각을 전하는 것은 형태가 있는 것 이상으로 가치 있는 유산이다.

각 개인의 인생은 참으로 드라마틱해서 어느 한 사람도 똑같은 인생을 살지 않는다. 어떤 인생이라도 그 인생을 살아온 만큼의 무게가 있고 나름의 가치가 있는 것이다. 그동안 상속에 관한 많은 사례를 접해왔는데 정말 어느 한 가지도 똑같은 경우가 없다. 그러나 분명하게 말할 수 있는 것은 돌아가신 분의 '의사표현이 분명할' 때는 그 의사에 의해 가족들이 다툴 일 없이 상속재산 분배가 순조롭게 마무리된다는 점이다.

올바른 상속 방법을 알면 유산을 통해 자신이 살아온 삶의 내력을 전할 수 있다. 이 과정에서 상속전문가는 남은 가족이 앞으로의 인생을 살아가는 데 힘이 되도록 해 줄 수 있다.

이 책은 행복한 상속을 위해 조언하면서 무엇보다 유언장 작성을 권장한다. 상속 현장에 입회한 많은 경험에서 유언장의 필요성을 절실하게 느꼈기 때문이다. 이를 바탕으로 상속에 관한 다양한 사례 연구를 소개하면서 행복한 내일을 위한 유언장 작성 순서를 정리해 보았다.

우리 사회는 산업화 과정을 거치면서 빠른 발전을 이룩했다. 그 속도만큼 법제도에도 많은 변화가 일어났다.

남성 중심, 장자 중심의 전통적인 가족제도가 해체되면서 상속도 평등 상속 제도로 변화되었다. 이에 따라 상속에 대한 권리를 주장하는 사람들이 늘어나고 집안 내부의 상속 분쟁이 잦아졌다.

이 책은 상속 문제에 대한 일종의 임상분석 보고서이다. 단순한 상속법 이론의 소개를 넘어 가족 구성원 간의 상속에 관한 이해관계 조정 방법을 소개하고 있는 것이다. 저자는 이 책에서 마음을 담아 자손에게 재산을 물려주는 것이 인생의 마지막 과제라 역설하고 있다. 그리고 그 방법으로 유언의 필요성을 설파하고 그 방법을 일러준다.

그동안 상속 관련 변호사 업무를 진행하면서 우리 사회의 각종 상속 분쟁을 경험했는데, 이 책을 통해 그 내용들이 일본의 상속분쟁과 매우 유사함을 알게 되었다. 일본이 상속 제도를 운용하면서 축적한 경험을 우리가 잘 활용하는 것도 원만한 상속 질서가 정착되는 데 도움이 될 것이라 보여져 원고 감수를 마친 후 추천의 글까지 쓰게 되었다.

이 책은 우리나라 독자들을 위하여 우리 법이 일본과 다른 부분에 대해 별도의 설명을 곁들였으니 독자들이 이 책을 통하여 상속에 관한 지식을 습득하고, 누구나 피할 수 없는 상속 문제를 평화롭고 슬기롭게 해결하는 데 큰 도움이 될 것이라 믿는다.

2008년 9월
변호사 방기찬

　지난 6월 삼성생명에서 자사의 고객들 중 고액자산가들을 대상으로 설문조사를 실시했다. 고액자산가들이 가장 재무 설계를 받고 싶은 부분에 관한 것이었는데, 결과는 의외로 부동산투자나 금융투자가 아닌 상속·증여 문제였다. 그만큼 고액자산가들이 상속 문제에 관심이 많다는 것이다. 뒤집어 생각해 보면 상속 문제가 제일 많이 답답하고 궁금한 부분이라 할 수 있다. 이러한 상속·증여 문제는 비단 고액자산가들에게만 국한된 것이 아니다. 사람은 누구나 한 번은 죽음을 맞이하게 되고, 그에 따라 상속 문제를 꼭 한 번 겪게 되기 때문이다.

　통계청 자료에 의하면 2007년도 우리나라 주택보급률은 108%에 이른다. 숫자상으로 볼 때 한 가구 당 집 한 채 정도 가지고 있는 것이다. 그리고 집을 가진 사람이 사망한 때, 상속재산을 분할하는 과정에서 상속 문제가 자연스럽게 발생하게 된다. 결국 우리나라 대부분의 국민이 한 번쯤은 상속 문제를 접하게 되는 것이다.

한때 국세청에서 세무 조사를 했고, 지금은 은행에서 고객들을 상대로 컨설팅을 하며 대부분의 상속에서 재산 분배와 관련해 상속인들 간에 분쟁이 발생한다는 것을 절감했다. 재산가액 또는 형제수의 많고 적음과 상관없이 거의 모든 경우가 그랬다. 상대적으로 재산이 많고 형제가 많으면 분쟁의 강도가 높아지거나 분쟁의 기간이 더 길어지기도 하지만, 대부분의 경우 분쟁의 소용돌이를 한 번은 거쳐 갔다고 보면 된다.

이 책에 소개된 사례에서도 나타나고 있지만 상속재산 분배는 아무리 가까운 형제지간이라도 서로 양보하는 경우가 거의 없다. 때문에 상담을 하면서 고객들에게 상속에 대비해 미리 재산을 조금씩 나누어 준다든지 유언장을 작성해 둘 것을 권하게 된다. 그러나 고객들은 아직 누구에게 재산을 물려줄지 마음을 정하지 못했거나 상속을 받은 후 상속인들이 알아서 할 일이라고 무관심하게 넘겨 버리면서 유언장을 선뜻 작성하지 못한다.

그중에는 유언 절차를 잘 모르거나 너무 복잡할 것이라고 생각하여 처음부터 유언을 할 엄두를 내지 못하기도 한다. 최근에는 고액자산가들이 유언 작성에 관심이 커지고 있어 이들을 상대로 유언상속 서비스를 제공하는 금융기관도 생기고 있다. 어쨌든 마음만 먹으면 더욱 편리하게 유언상속을 준비할 수 있게 된 것이다.

이 책에서 소개되는 내용들이 비록 일본에서 일어난 사례들이지만 우리나라 민법이 일본 민법의 영향을 많이 받았고, 동양적인 가족문화

또한 비슷하며(물론 상속에 관해서는 전세계가 비슷한 것 같다), 상속과 관련한 실제 사례들도 우리나라에서 발생하는 것과 유사해, 읽어보면 전혀 낯설지 않고 오히려 고개를 끄덕이며 읽게 될 것이다. 대부분이 유언의 필요성과 유언 절차 및 방법 등을 설명한 것이어서 재산상속을 앞두고 있거나 미래를 대비하여 유언을 고려하고 있는 사람들에게 실질적인 도움을 줄 것이다. 아울러 책의 뒷부분에서는 상속을 위한 대책을 정리하고, 상속세와 관련된 내용까지 설명이 곁들어져 있다. 책을 통해 상속과 관련된 정보와 재미를 동시에 제공해 주는 것이다. 더불어 이 책은 독자들에게 상속에 대해 한 번 더 고민하고 준비하는 계기가 되어 줄 것이라 확신한다.

2008년 9월

신한은행 PB 세무팀 **김강년**

이 책의 내용은 대부분 원문에 충실하게 번역되었으나 7장 이후의 일부 내용과 법률적인 표식은 우리나라 독자들에게 실질적인 도움을 주기 위해 부분적으로 재구성 되었다. 한편으로는 기존의 우리 법률과 2008년 개정안을 참조할 수 있게 내용을 첨부해 일본과의 법률적인 비교가 가능하게 하였고, 몇몇 용어는 우리나라 법률 용어로 바꾸어 표기하였다. 별도의 설명이나 우리나라 표식이 없는 경우, 일본과 용어나 제도가 동일하거나 유사한 경우이니 상속 문제에 관심이 있는 우리나라 독자들이 이 책을 통해 관련 정보를 얻는데 큰 어려움이 없으리라 본다. _ 편집자

CONTENTS

PART 01

요즘의 상속 문제

요즘의 상속 문제

1. 상속재산분할 갈등

상속 문제는 전국 각지에서 벌어진다. 해외에 거주하는 사람의 경우도 상속 문제에서 비켜설 수 없다. 그리고 그 수는 해마다 무서운 속도로 증가하고 있다.

상속 문제의 세부 사항은 개인별로 다른데 일반적인 내용은 '상속세 신고', '상속재산분할', '등기', '유언장', '생전의 대책' 등이라 할 수 있다. 상속 관련 상담 중 가장 많은 것은 '상속재산분할 협의'에 관한 것으로 전체의 절반 가까이를 차지한다. 가족이 돌아가신 후 상속 수속을 진행하던 중 상속인 사이에 상속재산분할 협의가 순조롭게 이루어지지 않는 경우이다. 생각다 못해 상담을 의뢰할 즈음에는 이미 상속인인 부모 자식이나 형제자매가 원만하게 합의를 할 수 없게 된 경우가 대부분이다. 이들 중 일부는 가정법원의 조정이나 재판을 받기도 한다.

예를 들어 상담 의뢰인이 엄연히 상속인임에도 불구하고 형제자매나 배우자가 재산에 대해 가르쳐 주지 않고 나눠 줄 수도 없다고 하는 상황에 처할 수 있다. 이 경우 특정 상속인이 재산을 독점하거나 생전에 증여 받은 경우를 상정할 수 있다. 때로는 상속재산의 대부분이 부동산인 자택과 토지·건물뿐이고 예금이 거의 없어서 재산을 나누지 못하기도 한다. 또한 기여분이 있다고 주장하는 상속인과 특별 수익이 있다고 주장하는 상속인의 의견이 대립하여 양보하지 않는 경우도 있다. 이런 다양한 상황에서 상속재산분할이 제대로 이루어지기는 힘들다. 합리적인 진행이 되지 않아 도무지 해결 방안이 보이지 않는다. 서로를 배려하며 재산 분배를 하지 않고 부동산 명의도 바꾸지 못하는 상태가 될 경우 부모 자식이나 형제자매 사이인데도 의사소통이 꽉 막혀 버리곤 한다. 가족관계가 무너졌다고 할 수밖에 없다.

2. 지금은 호주상속보다 법적 분배의 시대

상속 문제로 갈등하는 가정이라고 해서 모두 그전부터 가족관계에 문제가 있었던 것은 아니다. 대부분은 평범하게 왕래도 하고 사이좋게 지내오다가 상속재산을 앞에 두고 관계가 악화되는 것이다. 그런데 왜 상속을 하는 상황이 되면 부모 자식과 형제자매 사이에 소통이 제대로 되지 않아 가족관계가 붕괴되는 걸까?

매일 다양한 사람들을 만나 이야기를 하다 보면 상속의 실태를 절감하지 않을 수 없다. 그 중 가장 많았던 상담 내용이 앞에서 언급한대로 '상속재산분할' 이었다. 상담하러 오는 이들의 비참한 상황을 주의 깊게 들으면 왜 그런 일이 일어나게 되는 걸까 근본 이유를 찾아 나서지 않을 수 없다.

호주상속제도가 폐지된 후 장남이라는 이유로, 혹은 대를 잇고 제사를 모시는 가문의 후계자라는 이유로 상속을 받던 관습이 사라지고 있다. 호주상속은 과거 이야기가 되어 상속인 모두 동등한 입장에서 자신의 권리를 주장할 수 있게 된 것이다. 이때문에 돌아가신 분의 '의사' 가 보이지 않으면, 상속인이 갈팡질팡하면서 권리를 주장하며 갈등을 겪다가 법정 다툼으로 발전하게 된다.

분쟁의 요인은 재산의 많고 적음 때문만이 아니다. 부동산이라고는 현재 살고 있는 집밖에 없어서 나눌 수 없거나 특정 상속인이 재산을 감추고 알려 주지 않는 경우도 있다. 그야말로 그 요인이 각양각색이다. 유산 문제로 다투다 보면 시간이 아무리 흘러도 해결이 나지 않는다. 오히려 형제자매이기 때문에, 가족이기 때문에 더욱 용서도 양보도 할 수 없게 된다. 관계가 회복될 수 없을 정도로 험악해지면 아무리 설득해도 서로 타협이 되지 않는다.

가능하다면 한 푼이라도 더 물려받고 싶은 속내를 공개적으로 주장할 수 있는 시대가 되면서 상속 문제는 더 복잡해졌다. 이로 인해 재산 분배에 대한 갈등으로 집안 식구들과 인연을 끊는 사람도 많아지고 있다.

3. 가족 관계가 복잡해지고 있다

예전에는 가족이라고 하면 부모와 자녀, 손자손녀가 한 집에 사는 것이 보통이었다. 부모 부부와 자녀 부부, 손자가 함께 살았고, 형제끼리도 사이좋게 왕래하며 지냈다. 가장을 중심으로 크고 작은 일들을 치러가며 혈연이 얽힌 사람들이 힘을 합해 살았다. 과거에는 장남이 부모와 함께 살고 부모의 유지를 받드는 게 암묵적인 의무였지만 요즘 시대는 그렇지 않다. 때문에 장자상속의 전통도 흔들릴 수밖에 없게 되었고 이 같은 가족관이 법에도 반영되었다.

장남이니까 부모를 모시고 살아야 한다는 의식이 점점 자취를 감추면서 부모와 같이 사는 자녀가 차남이거나 삼남 혹은 차녀이거나 삼녀이기도 하다. 어느 자녀와도 같이 살지 않고 노부부만 따로 사는 경우도 많다. 어느 한 쪽이 먼저 세상을 떠났는데 자녀에게 신세질 생각하지 않고 독신생활을 하기도 한다.

이렇다 보니 부모와 같이 살지 않는 자녀들이 법적으로 동등하다는 권리 의식을 가지게 되었다. 장남이라고 해서 혹은 장녀라는 이유만으로 상속에 유리한 입장일 수 없다.

한편으로는 이혼이나 재혼이 급격하게 증가하면서 가족관계가 복잡해지고 있다. 상속인은 가족이 당연하지만, 가족이라고 해도 배우자, 전부인의 자녀, 현재부인의 자녀, 혼외 자녀, 양자 등 그 입장에 따라 생각이 제각기 다르다. 그중에는 현재부인의 자녀가 전부인의 자녀를 한 번도 만난 적이 없는 경우도 있고, 부모가 인지했다 할지라도 혼외 자녀는 동기간으로 인정하고 싶지 않은 사람도 있다.

요즈음은 배우자와 자녀가 없는 독신이거나 배우자가 있어도 자녀가 없는 사람이 적지 않다. 이 경우 법적 상속인은 형제자매나 조카가 될 수 있다. 친척이라는 이유로 그다지 친하지 않은 사람들이 상속인의 범주에 들게 되면서 상속재산분할 협의는 더욱 복잡해졌다.

4. 마이너스 재산과 상속포기

최근 들어 상속재산이 플러스가 아닌 마이너스, 즉 부채만 남아 있는 경우가 급증하고 있다. 이런 사례의 내막을 들여다 보면 이유가 천차만별이다.

예를 들어 상속 대비책으로 부동산을 담보로 설정하고 건물을 구입하여 임대 사업을 하고 있는 경우가 있다. 집세가 하락하거나 빈 방이 발생하면 수입보다 채워 넣어야 할 금액이 더 많아 유지할 수 없게 된다. 혹은 회사를 경영하던 중 거래상의 부채가 남아 있는데, 돈을 빌린 목적도 불분명하고 상환 자금을 예상하지 못할 수도 있다.

사망 시 부채를 남겼을 경우, 임대 사업처럼 앞으로도 수익을 올릴 수 있는 경우를 제외하고는 대부분이 대출금 상환에 충당할 수 있는 예금이나 동산이 없다. 상속재산 중에 상환할 수 있을 만큼의 예금이 있다면 아무 문제가 없겠지만, 상세하게 계산해 보면 남겨 놓은 재산보다 부채가 더 많을 수 있다.

자신의 생활을 꾸려가기도 바쁜 마당에 부모나 형제가 상속인도 모르게 빌린 돈을 뒤치다꺼리하고 싶지 않을 것이다. 이 경우 상속인은 자연스럽게 '상속포기'를 선택하게 된다. 이런 식으로 상속포기를 선택하는 사람은 해마다 증가 추세에 있다.

주택 구입 자금이나 다가구 주택 건축 자금 등 뚜렷한 목적이 있거나 집세 수입 등이 있다면 상속인이 물려받아도 이익을 얻을 것이므로 충분히 납득할 수 있는 재산이라 할 수 있다. 그러나 요즘은 상환할 방법도 없이 부채만 남는 사례가 늘어나고 있다.

예를 들어 회사경영에 실패해서 부채만 남았거나, 직장에서 정리 해고를 당하고 생활비 등으로 충당하기 위해 빚을 진 경우가 있다. 이 경우 빌린 돈은 이미 다 써 버려서 갚으려고 해도 뚜렷한 대책이 없다.

연대보증인 문제도 심각하다. 자신이 경영하던 회사의 운영 자금을 채워 넣느라 대표자로서 자택을 담보로 제공하고 연대보증인이 되는 경우가 종종 있다. 이때 대표자를 승계하는 상속인이 있으면 그대로 승계하는 것이 일반적이지만, 상속을 기회로 다른 사람이 대표자가 되어 연대보증과 담보 제공만 남는 경우도 있다. 말할 것도 없이 부채와 연대보증만 남기는 일도 상속인에게 피해일 수밖에 없다. 상속포기가 증가하고 있는 것도 이런 현실의 반증일 것이다.

상속은 본래 '재산을 승계하는 것'이고 '재산이 증가하여 가족들이 행복해지는 것'이라 할 수 있다. 그런데 상속을 받아 재산이 늘어나기는커녕 상속을 받았다는 이유로 힘들게 고생하는 사람들이 생기는 것이다. 앞으로 이런 문제가 더 이상 증가하지 않도록 대비하는 것은 상속인뿐만 아니라 국가적인 차원에서도 큰 과제라 할 수 있다.

5. 상속의 개념이 바뀐다

지금까지 상속 목적은 다음 세대에게 재산을 남기고 세금을 적게 내면서 가업이나 유지를 계승시키고 싶다는 것이 대부분이었다. 부동산 불패 신화가 살아 있던 시절에는 부동산은 저절로 값이 오르는 재산이라는 것이 일반적인 가치관이기도 했다. 그러나 최근 사회경제적 흐름이 바뀌고 있다. 더불어 상속에 대한 생각과 그것을 주장하는 방식도 바뀌고 있다.

우선 상속인의 의식이 달라지고 있다. 고인으로부터 재산을 물려받는 데 감사와 위로의 마음은 희박해지고 너무나 당연하게 상속의 권리를 주장한다. 몸가짐을 조심하며 인사치레할 겨를도 없이 고인의 유산을 도마 위에 올린다. 요즘 시대는 자신에게 필요한 정보를 쉽게 입수할 수 있기에 상속인이 관련 법률을 정확하게 간파하고 자신의 권리를 찾으려 든다. 재산을 법정 비율로 상속받고 싶다고 노골적으로 말해도 전혀 이상한 일이 아니게 되었다.

예전에는 땅값이 계속 올랐기 때문에 부동산을 상속 받으면 가치가 올라가서 대부분의 사람들이 좋아했다. 그런데 요즈음은 그 같은 기류가 바뀌기 시작했다. 예를 들어 토지가 부지 상태라면 그나마 괜찮지만 빈 집이 된 생가의 경우는 거주할 사람이 없어 매각하는 게 편할 수 있다. 부동산은 도심의 아파트나 상가가 아닌 한 세금 문제 등 여러모로 부담이 되어 현금만 반기는 사람도 증가하기 시작했다.

한편 재산을 일부러 남기지 않겠다는 분들이 나타나기 시작했다. 갈등의 원인이 될지도 모르는 재산은 자신이 살아 있는 동안에 처분하고 자녀들에게는 어떤 재산도 남기지 않으려 한다. 평생 가족과 자녀들을 위해 일하고 가정을 지켜온 분들이지만 앞으로는 자기 자신을 위해 돈을 쓰겠다고 선언하는 것이다. 노후는 철저하게 본인 의사에 따라 사는 것이 중요하다. 어떤 선택을 하든 자신이 만족스럽고 행복하다면 그것이 올바른 선택이다.

6. 유언이 없으면 상속인들은 싸움에 이른다

상속 상담은 상속세 절세를 1차 목적으로 한다. 그런데 상담 사례가 늘어나면서 절세는 고사하고 재산 분배를 논의하는 단계부터 문제가 생기는 경우가 많아졌다. 상속 문제가 얼마나 복잡한 일인지 새삼 깨닫게 되는 것이다. 매일같이 상속재산분할에 대한 상담을 하면서 갈등이 있는 가정의 공통점이 무엇인지 생각하게 되었다. 그것을 알아내지 않으면 문제 해결의 실마리를 찾을 수 없기 때문이었다.

유산 갈등의 원인은 여러 가지가 있겠지만 가장 근본적인 문제는 한 가지였다. '상속재산에 대한 고인의 의견이 분명하게 남아 있지 않는 것'이다. 이는 참으로 많은 상속 상담을 경험한 끝에 터득한 사실이다. 자손들이 돌아가신 분의 '의견'을 파악할 수 있을 때는 고인이 남긴 '의견'에 따라 다투는 일 없이 상속재산을 나눌 수 있다. 다소의 불협화음이 있을지라도 돌아가신 분의 '의견'이 사려 깊은 내용이라면 그 '의견'은 움직일 수 없는 최고의 설득력을 갖게 된다. 이 경우 대부분의 상속이 부질없는 분쟁으로 발전하지 않고 원만하게 마무리 된다. 그렇기 때문에 유산을 남기는 분이 자신의 의견을 후손들에게 분명하게 표시할 필요가 있다. 자신이 살아온 가치관대로 재산을 올바로 전하면 남은 가족에게 앞으로 인생을 살아갈 힘이 되어 줄 수 있다.

상담을 의뢰하는 상속인들의 모습을 보면 돌아가신 분의 인생과 인품이 선명한 그림처럼 눈에 보이기도 한다. 서로를 배려하면서 원만하게 상속재산분할이 진행되는 가정과 재산 분배 방법을 둘러싸고 갈등하는 가정을 보면서 고인의 성품을 추측하게 되는 것이다. 이런 현실을 보면 형태가 있는 부동산이나 동산을 남기는 것도 중요하지만 '가치 있는 상속을 준비하는 것' 이 훨씬 중요하다고 절실히 느끼게 된다. 남아 있는 상속인을 위해 '무엇을 남길 수 있을까' 또는 '무엇을 남겨서는 안 되는가' 를 함께 생각해 보는 것이 중요하다. 유형의 재산을 남기는 일은 살아갈 날이 남은 사람들에게 큰 가치가 있다. 그리고 재산을 남기는 것 못지않게 친척끼리의 분쟁을 남기지 않는 것도 정신적으로는 큰 유산이 될 수 있다. 이것이 바로 '무형(無形)의 유산' 이다. 눈에 보이는 재산에 지나치게 집착한 나머지 친척끼리 끝도 없이 분쟁하는 것은 정신적인 손해를 남긴다. 분쟁 기간이 길어지면 누구의 이익도 되지 않으므로 갈등이 일어나지 않는 방법으로 재산을 남겨야 한다.

유산 분배와 상속세 신고, 납세할 때의 상속 절차를 성공적으로 이끌어 주는 전문 상담인이 있다면 같은 상속이라도 후손들에게 돌아가는 몫이 하늘과 땅처럼 차이가 날 것이다. 상속세라고 하는 경제적인 지불 금액도 편차가 크고 친족 간의 유산 분쟁이나 감정적인 앙금이라는, 돈으로 계산할 수 없는 상처도 크기가 다르게 남을 수 있다. 경제적인 부담에 감정적인 앙금까지 남아 친족들이 남보다 못한 관계가 되면 아무리 많은 유산을 남겼다 해도 고인의 명예는 회복할 수 없을 만큼 추락하게 된다. 고인의 죽음과 함께 가족의 평화와 행복을 잃는 것이다.

"내가 고생해서 축적해 온 재산과 조상으로부터 물려받아 지켜온 재산은 가능한 한 다음 세대에서도 계승해 줬으면 좋겠다."

위와 같이 확고한 신념을 가지고 상속재산분할을 준비하는 사람이 늘고 있다. 이들은 재산 정리를 충분히 하면서, 상속 관련 지식을 가지고 그에 따라 적극적으로 대처한다.

한편 혼자만의 착각과 어설픈 생각으로 상속을 결정해 버리는 이들이 적지 않다. 이 경우 남은 사람은 본의 아니게 고생을 하고 송사에 휘말리게 된다. 예를 들어 상속에는 법정 비율의 상속분이 있어 부동산도 그 비율대로 나눠야만 한다고 생각해, 유언장에 '부동산은 법정 비율로 공유시킨다'라고 기재하는 사람이 있다. 법정 비율이라면 불평이 없을 것이라고 생각했겠지만 실제 상속에서는 그 절차가 간단치 않다. 부동산을 공유해 오히려 문제가 된 예가 많다. 부동산 공유로 인한 갈등으로 자녀나 손자 대까지 공유 부동산을 어쩌지 못해 골칫덩어리가 되기도 한다. 부모가 상속 문제로 다투는 모습을 본 자녀들이 훗날 똑같은 길을 걸어가기도 한다. 또 특정 상속인에게 전 재산을 상속한다는 비뚤어진 유언장이 갈등을 일으키는 경우도 많다. 다른 상속인이 납득할 만한 이유가 있다면 모를까 너무 일방적인 내용이라면 '유류분(遺留分) 반환청구'를 제기하는 것을 쉽게 예상할 수 있다.

이처럼 자신이 한껏 연구한 끝에 작성한 유언장인데도 오히려 상속인이 다투게 되는 경우가 많다. 변호사나 법무사 등 전문가가 증인이 되고, 공증인이 작성한 공정증서 유언이라고 해도 완벽하지 못할 수 있다. 상속인 중에는 부모가 이런 유언장을 만들 리가 없다며 유언장이 정당한 것인지 의심하는 사람도 있고, 억지 상황에서 작성된 것 같다며 공증인과 증인을 고소하고 싶다는 사람도 있다. 이런 현실을 보면 상속을 준비할 때는 상속 경험이 많은 전문가의 충고를 받고 판단하는 것이 절실히 필요하다.

상속전문가의 선택에 따라 상속 이후의 방향이 달라지는 경우가 많다. 때문에 상속 노하우와 실적이 있는 전문가를 선택하는 것이 상속을 대비하는 중요한 포인트라 할 수 있다. 유형·무형 재산을 막론하고 가정의 형편에 맞게 최선의 선택을 하면 상속의 가치는 한층 높아진다.

PART 02

유언장이 있으면
비극을 막을 수 있다

유언장이 있으면
비극을 막을 수 있다

사례연구 1 전문가에게 의뢰하면 간단하게 해결할 수 있다

의뢰인 : A 씨(자영업)
피상속인 : 이모부(이모는 고인, 자녀 없음)
상속인 : 고인이 된 아내(이모)의 형제자매의 자녀, 계 5명, 행방불명자 1명, 합계 6명

대형 종합건설업자에게 의뢰한 것이 결국 한발 늦어지게 된 계기

A의 이모 부부에게는 자녀가 없고, 이모부는 형제자매가 없다. 때문에 언니의 자녀인 A를 친자녀처럼 의지했고, A도 여러모로 이모를 보살펴 드렸다.

이모부는 공정증서 유언을 미리 작성해 놓았다. 그는 자신의 소유인 4층 빌딩과 예금 등 전 재산을 배우자(이모)에게 상속한다고 기록해 두었다. 그리고 만일 배우자가 먼저 세상을 떠나면 조카 A에게 모든 것을 물려주겠다는 내용을 명시하고 유언집행자로 A를 지정했다.

이모부는 이모보다 먼저 세상을 떠났다. 벌써 10년도 더 지난 옛날이어서 그 당시의 유산은 상속세의 상속 공제 범위 안에 들어갔기에 별도로 상속세 신고를 하지 않아도 되었다. 세무사는 이 모든 것을 작성해 세무서에 제출했다. 그런데 기껏 작성한 공정증서 유언이 있음에도 유언 집행이 되지 않았다. 결국 자택 겸 임대 점포가 들어 있는 빌딩이 이모부 명의 그대로 현재에 이르렀다. 세무사는 적절한 조언을 하지 않고 상황을 그대로 방치했다. 그 후 A는 홀로 남은 이모를 보살펴 드렸기에 이모 본인도 재산을 A에게 남긴다는 데 아무런 이의가 없었다. 이모는 연로하여 양로원에 들어갔다.

이모부의 상속 재산인 빌딩이 노후해 재건축을 할지 처분할지 판단하지 않을 수 없는 상황이 되었다. A는 친분이 있는 대형 종합건설업자와 상담한 후 앞으로의 절차에 관해 이모와 연대 명의로 위임계약을 했다. 그런데 종합건설업자의 담당자가 6개월이 넘도록 구체적인 절차를 진행하지 않았고 그 사이에 이모가 세상을 떠났다. 이 경우 어떤 문제가 생겼을까?

● 해결 방법 먼저 이모부의 유언을 집행하여 이모부의 재산을 이모에게 상속한다. 그런 다음 이모는 A에게 재산을 물려준다는 내용의 공정증서 유언을 작성한다. 이와 같은 절차는 당연한 방법이고 여기까지의 실무는 보름 정도면 마칠 수 있다.

　그런데 현재 상황은 빌딩이 돌아가신 이모부 명의이고 이모의 유언이 없기 때문에 부동산과 이모의 재산은 이모의 형제자매가 상속인이 되었다. A의 어머니가 돌아가셔서 A가 대습상속인이 되고 다른 이종사촌형제도 같은 서열의 상속인이 되었다. A가 이모부와 이모를 보살펴 드렸다고는 하지만 다른 상속인이 상속권을 주장하지 않으리라는 보장이 없었다. 게다가 상속인이 A의 어머니 형제자매의 자녀(대습상속인)가 다섯 명, 행방을 도저히 파악할 수 없는 사람이 한 명으로 A를 포함하여 총 여섯 명이나 되었다. 상속인 전원의 인감증명과 인감도장 등의 협력을 얻지 못하면 이모부의 유산은 A의 재산이 될 수 없었다. A는 양로원 비용 등을 대납한 부분도 있어서 서둘러 수속을 하고 싶었지만 간단히 진행되지 않았다. 결국 변호사에게 의뢰하여 분할 협의로 정리하게 되었다.

　이처럼 유언서 작성은 신속하게 할 필요가 있지만 상속 전문가가 아니면 그런 판단이나 실무가 늦어져 일을 복잡하게 만들 수 있다. 꼭 참고해야 할 사례인 것이다.

 ## 살고 있는 집이 전부인 자식의 소유가 되려 할 때

의뢰인 : B 씨(전업주부, 자녀 없음)
피상속인 : 남편
상속인 : 배우자(의뢰인), 전부인의 두 자녀(장녀·장남), 합계 3명

본가는 아버지 집안의 상속재산이므로 새어머니 마음대로 하지 못하게 하겠다

B는 남편과 결혼한 지 10년이 채 안 되었지만, 남편 쪽은 재혼이었기 때문에 선부인과의 사이에 두 자녀가 있다. 결혼할 때 남편은 40대 후반으로 자녀들이 특별히 아버지의 재혼을 반대하지 않았다. 남편은 B보다 띠동갑 이상으로 나이가 많았고, 항상 ‘집은 남겨 줄 테니까 나

를 믿어'라는 말을 입버릇처럼 했다. 그러던 남편이 암 판정을 받고 몇 달 만에 세상을 떠났다.

남편의 재산은 자택과 생명보험, 퇴직금, 연금과 자동차 정도였다. B는 남편이 입원 후 세상을 떠날 때까지 경황이 없었기에 남편에게 유언장을 써 달라고 할 만큼 마음의 여유를 갖지 못했다.

장례식은 전부인의 장남이 도맡아 했고, 모든 장례 절차가 끝났지만 상속재산 분배가 아직 남았다. 세 명이 함께 상속재산 분배 협의를 해야 하는데, 어떻게 수속을 해야 하는지 전부인의 자녀로부터 문의가 있어 B와 함께 상담센터를 찾아왔다.

B는 지금까지 살던 집에 그대로 살면서 자택과 퇴직금 및 연금을 상속받고, 두 자녀가 생명보험과 예금 등을 상속받으면 세 사람 몫이 거의 법정 비율에 가까워지므로 이런 방향으로 절차를 진행하고 싶어 했다. 그런데 전부인의 장남이 조건을 하나 더 제시했다. '이번에는 자택의 명의를 B에게 양보하지만, B가 세상을 떠난 후에는 돌려받고 싶다'라는 것이다.

B에게는 소생이 없기 때문에 B가 세상을 떠난 후에 상속인은 B의 형제자매가 된다. 전부인의 두 자녀는 '우리가 태어나고 자란 집이 없어지는 것은 곤란하다'는 것이다. 하지만 B는 이 제안을 납득할 수가 없었다. 장래의 불안에 대처하기 위한 집인데 마음대로 할 수 없다는 것은 곤란하다는 입장이었다.

● 해결 방법　몇 차례의 논의를 거쳐 B는 남편에게 상속받은 집을 전부인

의 자녀에게 물려주기로 결심했다. 이것을 약속하기 위해 상속재산분할 협의서를 작성함과 동시에 자택을 물려준다는 내용의 공정증서 유언도 작성했다. 그동안 미처 결단을 내리지 못해 시간이 걸렸지만 최종적으로는 예정대로 상속재산분할 협의와 유언장 작성이 끝났다.

남편이 살아 있을 때 '아내에게 전 재산을 상속한다'는 유언장을 작성했다면 전부인의 자녀는 아버지의 재산을 상속할 기회를 잃기 때문에 반드시 '유류분 반환청구'를 할 것이라고 예상된다. 필요 이상의 분쟁을 피하기 위해 이번과 같은 형태로, 우선은 상속재산분할 협의를 해서 상속재산 분배를 결정하고 그 후에 유언장을 작성하는 것이 타당하다.

B의 입장에서는 퇴직금과 연금이 들어오고, 살던 집에서 그대로 계속 살 수 있으니 다투는 것보다 바람직할 수 있다. 남편이 유언장을 작성하지 않았던 것도 자녀들의 권리를 남겨 주고 싶어서였다고 이해한다면, B에게 매정한 것 같지만 균형잡힌 해결이 되었다고 본다.

 전부인의 자식들이 양보하지 않아
집을 팔아야 하는 형편

의뢰인 : C 씨(회사원, 아내와 두 자녀)
피상속인 : 아버지
상속인 : 전부인의 두 자녀(아들 · 딸), 장남(의뢰인), 장녀, 합계 4명

아버지가 돌아가신 후, 이복형제의 존재가 밝혀졌다

C는 아버지가 돌아가신 지 10년도 더 지났으나 어머니가 살아계셔서 상속 수속은 하지 않았다. 재산은 본가의 토지, 건물과 예금 정도여서 신고할 필요가 없었다. 예금은 어머니가 모든 것을 관리하며 생활비로 충당하고 있는 정도였다. 여동생은 결혼했고 C는 본가 근처에 자

신이 구입한 집이 있어 어머니와 같이 살지는 않았다.

C는 어머니가 돌아가시자 수속을 해야겠다고 생각해 필요한 서류를 갖추기 시작했다. 본가의 부동산은 1/2 비율로 아버지와 어머니 공동명의로 되어 있었고 동산은 거의 없었다. 상속인은 C와 여동생뿐이어서 부동산은 장남인 자신의 명의로 하고, 여동생에게는 약간의 현금을 주면 된다고 간단하게 생각했다. 그런데 가족관계 증명서를 발급받고 비로소 아버지 전부인의 자녀가 기재된 것을 알았다. C 씨 남매에게 이복형제가 되는데, C는 부모로부터 아무런 이야기를 들은 적이 없기에 몹시 놀라고 당황스러웠다. C는 이복형제에게 어떻게 접근해야 할지 상담을 의뢰했다.

 이복형제에 관한 정보라고는 C의 수중에 있는 〈가족관계 증명서〉 한 통밖에 없어서 법무사에게 조사를 의뢰해 현 주소부터 확인하기 시작했다. 주소지가 확인되어 아버지가 돌아가셨고 상속 수속이 필요하다는 사실을 알렸다.

이복형제는 아버지가 재혼했고 남동생과 여동생이 있다는 것을 아버지로부터 들었다고는 하지만 그동안 단 한 번도 만난 적이 없어서 형제자매의 감정이 전혀 없었다. 이복형제는 변호사를 선임하여 법정 비율의 재산을 청구하고 싶다고 통지해 왔다. 아버지는 수십 년 동안 전부인의 자녀들과 연락도 하지 않았지만 이복형제는 부동산이 있다는 사실을 알고 재산의 일부를 물려받을 기회를 놓치고 싶지 않은 것이다.

　상대편의 대리인이 변호사여서 C도 어쩔 수 없이 변호사에게 의뢰하여 상속재산분할 협의를 진행했다. 그런데 재산이 부동산밖에 없어 본가를 매각하여 이복형제의 법정 비율분(1인당 1/8)을 지불하게 되었다.

　아버지가 생전에 전부인과의 사이에 자녀가 있고 상속인이라는 사실을 어머니와 C에게 알려줬더라면 증여와 공증증서 유언으로 감정적인 트러블 없이 본가를 남기는 일이 가능했을 것이다. 생전에 상담을 받았다면 배우자에 대한 증여재산공제를 이용하여 명의를 아버지에서 어머니로 이전할 것을 권유해 드릴 수 있었다. 그런 다음 본가의 부동산은 남겨 둔 채 얼마가 되었든 현금을 분배하는 것이 타당한 방법이었다. 그러나 아버지는 생전에 아무런 의사 표시가 없었고 본가는 빈 집이 되었기에 팔아야 할 상황이 야기되고 말았다. 기나긴 세월 동안 아버지가 만든 외상값을 부동산을 매각하여 갚게 된 상황이나 다름이 없는 것이다.

사례연구 4 자택과 임대용 아파트 상속으로 대립한 자매

의뢰인 : D 씨(임대 관리업, 이혼 후 아들과 생활)
피상속인 : 어머니
상속인 : 장녀(의뢰인), 차녀, 합계 2명

자택에 살면서 임대 아파트도 못 받으면 곤란하다

D는 어머니가 돌아가셨기 때문에 시집간 여동생과 둘이서 상속 수속을 하게 되었다. 어머니의 재산은 자택과 아홉 세대의 임대용 아파트와 예금이 있었다. 자매는 상속 수속을 하기 위해 매년 확정 신고를 의뢰하고 있는 세무사를 찾아가 설명을 들었다. 세무사 측에서는 어머니에게 임대 아파트 건립 당시 대출이 있어 이를 공제하고 계산하면

상속 공제 범위 안이어서 상속세는 신고할 필요가 없다고 했다. 그들은 이때 세무사로부터 '팔면 두 군데 각각 6,000만 엔 정도의 재산 가치가 있어서 둘 다 팔면 대출금을 공제해도 9,000만 엔 정도가 된다' 는 설명을 들었다.

그 후 D가 상속 상담을 하러 왔을 때 재산을 평가해 보니 각각 대출이 있어 실제 재산은 두 군데를 합해 4,500만 엔 정도가 되었다. 세무사의 평가와는 거리가 먼 금액이었다. D는 어떻게 분배 협의를 하면 좋을지 조언을 구했다.

새로운 재산 평가로는 자택이 3,000만 엔, 부채가 많은 아파트는 실제가격 1,500만 엔이 나왔다. D의 본심은 '여동생은 고인이 된 사업가 남편으로부터 물려받은 상속재산이 있어 여유가 있으니 부동산을 둘 다 상속받고 싶다. 여동생의 상속분을 보상금으로 지불할 생각인데, 금액을 줄여 주지 않으면 앞으로 생활하는 것도 임대 사업도 힘들다' 는 것이었다.

 상속의 경우는 공시지가를 기준으로 재산을 평가하기 때문에 '팔면 얼마' 라는 식의 표현을 하지 않는 것이 기본이다. 그 후의 상속재산분할 협의에서는 매각했을 경우의 기준 금액도 필요할지 모르나 처음부터 얘기를 할 필요는 없다.

이 경우 상속 평가를 기본으로 서로 양보할 수 있는 부분을 찾아 주는 것이 좋은 출발점이 된다. 또 D의 이야기를 일방적으로 듣기만 했다가는 잘못 판단할 수 있으므로 여동생의 생각도 들어 양쪽의 타협점을 찾아 나가는 식의 제안을 하면 된다.

상속재산이 총 4,500만 엔이라면 D가 상속받을 경우 평가액의 절반에 해당하는 2,250만 엔을 D가 보상금으로 여동생에게 지불해야 한다. 그런데 D는 앞으로 수입이 줄어들 것이라 생각해 부동산을 둘 다 상속받은 다음 지불할 보상금을 최소한으로 하고 싶었다. 여동생은 '팔면 두 군데 각각 6,000만 엔이 될 것'이라고 했던 세무사의 말을 기억하고 재산의 절반이 6,000만 엔이라고 생각해 D가 제시하는 보상금이 너무 적다고 여겼다. 한번 잘못 끼운 단추는 나중에 커다란 균열이 되어 오랜 시간을 끌면서도 결론이 나지 않았다. 결국 미분할인 상태로 임대 수입을 이등분 하기로 하고 자택은 D가 거주하는 대신 수리비를 부담하는 것으로 간신히 균형을 유지하게 되었다. 이전에 세무사가 말한 '팔면 6,000만 엔씩'이라는 설명은 적절하지 못했고 이 부주의한 발언이 근본적인 해결을 어렵게 만들었다.•

• 우리 법에서는 상속세 계산 시 아파트를 시가(현시세)로 평가해 상속세가 과세된다. 단, 주택이나 토지, 상가 등의 경우에는 기준 시가로 평가하므로 부동산을 분류하여 적용해야 한다.

사례연구 5 부모를 돌보지도 않은 처남의 권리 주장

의뢰인 : E 씨(회사원, 아내와 두 자녀)
피상속인 : 장인
상속인 : 장남, 장녀(E 씨의 아내), 합계 2명

장인과 처형을 위해 집을 짓고 동거, 구분소유했다

E는 장인과 공동 명의로 집을 소유하고 있다. 토지는 장인 명의이지만 3층 건물 중 1층은 장인 앞으로 하고 2, 3층은 E의 앞으로 구분소유하여 등기를 해 놓았다. 건축 비용도 그 비율로 부담했다. 당초 E는 다른 곳에 아파트를 구입해서 살고 있었기에 장인, 장모와의 동거는 생각하지 않았다. 그런데 장모가 세상을 떠나자 장인 쪽에서 같이 살기

를 원했다. 병약한 독신의 처형도 있어서 E의 가족이 동거하기로 결정
했는데, 이때 처남이 '나는 같이 살 수 없으니 본가에서 모시고 살아
주었으면 좋겠다' 고 부탁했고 아내도 그걸 희망해서 집을 짓게 되었
다. 처음에는 E가 전액을 부담하고 집을 짓는 조건으로 진행했으나,
도중에 처남으로부터 아버지의 권리도 확보하고 싶으니 구분소유 등
기로 해줬으면 좋겠다는 말을 듣고 어쩔 수 없이 동의했다.

　처형이 먼저 세상을 떠나고 난 다음에 장인이 돌아가셔서, 남매 둘이
서 상속재산 분배를 하게 되었다. 처남은 장인이 입원할 때 예금을 전
부 관리하겠다며 가져갔다. E의 입장에서 보면 아내의 본가에 동거하
면서 두 사람을 보살펴 온 경위가 있기에 토지와 건물의 구분소유는 아
내가 상속하고 나머지는 처남에게 양보하겠다는 마음이었다. 그런데
처남의 입에서 나온 첫 마디가 '재산은 절반으로 나눈다' 는 것이었다.

 장인, 처형과 함께 살기 위해 집을 지은 E의 경우 집의 명의
는 E가 단독으로 해 놓는 것이 무난하다. 만약 상담을 받았다면 전문가
들이 그렇게 충고했을 것이다. 그러나 건축 당시부터 처남에게는 따로
생각이 있었던 것 같고, 처남이 강하게 주장하여 장인의 권리를 등기
했기 때문에 어쩔 수 없는 결과에 이르게 되었다.

　이런 갈등을 막기 위해서는 장인이 유언장을 작성해 토지와 건물을
자신과 함께 살며 보살펴 준 장녀와 사위에게 상속하고 따로 살았던
장남(처남)에게는 예금을 상속한다고 구분해 써 놓았으면 좋았을 것이
다. 그러면 E의 가족은 그대로 살 수 있고 현금을 상속하는 처남도 단

넘했을 것이다. 처남이 본가의 개축이 끝난 시점에는 본가의 토지를 이용할 생각이 없었을지 모르지만 나중에는 동등한 권리를 확보하고 싶었을 것이다.

이번 건은 유언장이 없기 때문에 부동산에 처남의 권리가 있다. 그러나 실제 살고 있는 것은 E 일가이니 부동산은 E의 아내가 상속하고 처남에게는 예금을 지불하는 것이 타당하다. 상속재산 중 예금이 재산의 절반에 미치지 못할 경우는 E의 아내가 보상금을 지불해야 한다.

처남과 협의해 E의 부담을 줄여 준다면 좋겠지만 그런 분위기는 쉽게 형성이 되지 않았다. 처남은 본가의 토지가 역에 가까워서 가치가 있다는 생각이고, E 부부 입장에서는 학창시절부터 본가를 떠난 이후 거들떠보지도 않던 처남을 용서할 수 없었다. 서로 양보하여 합의점을 찾지 못한다면 최악의 경우 토지를 공유해 놓고 건물을 해체할 때 매각해서 공유를 해소하는 방법을 제안할 수 있다.

전부인 자식을 어릴 때부터 키웠는데 도무지 알아주지 않는다

의뢰인 : F 씨(전업주부, 딸 둘)
피상속인 : 남편
상속인 : 배우자(의뢰인), 전부인의 딸, 차녀, 삼녀, 합계 4명

상속재산분할 협의가 안 되어 전부인 자식의 언동에 휩쓸렸다

F는 남편과 결혼하면서부터 전부인의 딸을 키웠다. 전부인이 남편과 이혼하면서 딸을 남편에게 맡겼기 때문이다. 남편은 해외 근무가 많아 F와의 사이에서 태어난 두 딸은 모두 외국에서 낳았다. 남편은 50대가 되자 병이 발견되어 병원에서 수술을 받았다. 잠시 병에서 회

복되어 회사로 복귀했으나 다시 재발하여 50대 후반에 세상을 떠나고
말았다. 전부인의 딸은 국립대학을 졸업한 후 결혼하여 남편과 해외에
거주하고 있었다. F의 두 친딸은 대학생과 고등학생이었다.

남편이 남긴 재산은 단독주택과 아파트가 각 한 채씩이었다. 주택은
F가 부모에게서 상속받은 토지에 들어서 있어 상속세가 기초공제액
범위 안이었기에 따로 신고할 필요가 없었다. 다만 남편이 유언장을
남기지 않아 자녀들과 상속재산분할 협의를 해야 했다.

전부인의 딸과 재혼 후에 태어난 두 딸은 나이차가 나지만 F는 전부
인의 딸을 친딸과 차별 없이 키웠다고 생각했다. 두 친딸은 언니가 이
복형제라는 사실도 눈치 채지 못했다고 한다. 그런데 남편이 세상을
떠나자 전부인의 딸은 지금까지 길러 준 것에 대해 감사하기는커녕 자
기는 고생만 했다고 주장하고 있다. 장례식 때부터 멋대로 굴기 시작
하더니 상속재산분할 협의를 진행하려고 해도 협상 테이블에 나오지
않았다. F는 전부인 딸의 심술궂은 행동이 난감해서 상담을 의뢰했다.

해결 방법 남편 생전에 상담을 받았다면 실무적인 수속을 진행할 수 있
도록 우선 유언장을 작성하고 유언집행자를 F로 정해 놓도록 조언했
을 것이다. F가 재산평가서를 기본으로 전부인의 딸에게 희망을 물었
더니 요구 사항이 수시로 바뀌면서 점점 늘어나기 시작해 가정법원에
조정 신청을 하게 되었다. 그런데 전부인의 딸은 조정 기일을 자꾸 어
겨서 좀처럼 조정이 진행되지 않았다.

오랫동안 스트레스를 받는 것은 F나 두 딸에게 이로울 게 없으므로

조금 양보를 하더라도 빨리 결론을 내는 게 유리한 방법이라고 조언했다. 특히 남편 명의의 주택은 전부인의 딸도 생활한 적이 있어 상속에 애착을 보였다. 이 경우 토지는 F, 건물은 전부인의 딸 명의로 해 두면 차후에도 같은 문제를 끌어안게 되니까 이 같은 상속은 적절하지 않다고 충고했다. 그 결과 전부인의 딸에게는 아파트 한 채와 법정 분할 비율 정도의 현금을 주는 것으로 결론을 지었다.

F가 많이 양보한 느낌은 있지만 금전 문제가 아니라 정신적인 부담에서 벗어나는 쪽을 선택한 것은 잘한 일이다. 결국 전부인의 딸은 자신을 키워 준 새어머니와 두 여동생과 결별하는 대신 금전을 쟁취한 셈이다. 고인의 유산을 두고 이런 경우는 비일비재하다.

 재산 때문에 부모의 땅에
집을 지은 오빠와 여동생

의뢰인 : G 씨(정년퇴직, 아내와 두 자녀)
피상속인 : 아버지
상속인 : 장남(의뢰인), 장녀, 차녀, 합계 3명

오랫동안 부모 병구완을 해 온 장녀 · 차녀가 동등 분할을 주장

G의 아버지는 한적한 주택가에 자택과 그 뒤쪽에 다가구 주택을 소유하고 있었다. 장남인 G는 공무원으로 본가를 떠나 관사에서 지냈기 때문에 집에서 가까운 곳으로 출가한 장녀와 뒤쪽 다가구 주택에 입주한 차녀가 부모님을 보살폈다. 차녀 일가가 아버지 소유의 다가구 주

택으로 이사 온 것은 류머티즘을 앓고 있는 어머니의 간병을 위해서였다. 장녀와 차녀 두 사람이 번갈아 가며 어머니를 간병했는데 많이 힘들었다고 한다. 어머니의 병구완에 이어 치매에 걸린 아버지도 15년 이상이나 헌신적으로 극진하게 보살폈다. 장남인 G는 아버지의 부지에 자신 명의의 집만 지어 놓고 30년 동안 지방에서 생활하다가 정년 퇴임 후 돌아와 자택에 살면서 3년 정도는 아버지를 함께 간병했다.

아버지가 돌아가셨을 때 유언장이 없었기 때문에 장남, 장녀, 차녀 이렇게 셋이서 상속재산분할 협의를 해서 재산 분배를 결정해야 했다. 두 자매의 입장에서 보면 장남 부부는 오랫동안 살지도 않으면서 집만 지어 놓고 있다가 재산을 확보할 속셈으로 돌아온 건 아닐까 하는 생각이 들었다. 더구나 부모님의 간호, 병구완은 거의 자매들이 해 왔기에 오빠의 기여분을 인정하기 힘들었다. 그들은 재산을 삼등분 하고 싶다고 주장했고 이를 기초로 분할 협의가 진행되었다.

해결 방법　　유언장으로 정해 놓았으면 자녀들이 쓸데없는 감정싸움을 하지 않아도 될 텐데 만년에 아버지에게 치매가 찾아와 유언장을 남길 수 없었던 게 안타깝다.

아버지의 토지에는 자택, 장남의 집, 차녀가 살고 있는 다가구 주택이 차례대로 서 있다. 지형은 안쪽으로 깊이 들어간 형태로, 장남의 집이 도로 쪽에, 아버지의 집이 한가운데, 다가구주택이 제일 안쪽인 순서대로이다. 상속인이 세 명이므로 셋으로 쪼갤 수 있는 지형이라면 간단하겠지만 모양새가 길쭉해서, 토지는 살고 있는 장남과 차녀가 상속하고, 장녀에게는 예금을 주는 것으로 정해졌다.

그런데 이 같은 결과가 받아들여지지 않고 분규가 일어났다. 때문에 보다 균형잡힌 평가가 필요했다. 어느 건물이나 노후해서 재건축을 해야 될 때가 올 테니 현재 위치에 상관없이 토지를 분필(分筆)하여 재건축 시에 취득한 대로 이용하면 된다고 제안하였다. 더불어 부지 앞쪽은 장남, 안쪽은 차녀로 현재의 배치를 우선했다.

차녀는 안쪽으로 들어가는 도로의 폭이 3미터는 되어야 한다는 조건을 제시했다. 그런데 G는 최대한 양보해서 2.7미터만 가능하다고 했다. G의 구획은 공공도로에 면해 있는 데다가 남쪽으로 탁 트인 지형이기에 30센티미터를 차녀에게 더 양보해도 크게 문제 될 것이 없었다. 차녀의 입장에서 보면 지금까지 기여분을 특별히 주장하는 것이 아니기 때문에 충분히 양보하고 있는데 G는 좀처럼 양보하려고 하지 않았다. 결국 여동생이 양보하여 2.7미터로 필지를 나누어 상속재산분할 협의와 신고를 기한 내에 마쳤다.

앞으로도 계속 이웃으로 살기 위해 G가 좀더 양보를 했더라면 원만한 남매 관계를 유지할 수 있을 텐데, 겨우 30센티미터 때문에 오빠 부부와 여동생 부부 사이에 깊은 감정의 골이 생기고 말았다. 이는 평생 메워지지 않을 것이다.

담보를 방패로 형이 토지 전부를 주장한다

의뢰인 : H 씨(회사원, 아내와 자녀 1명, 형과 같은 부지에 거주)
피상속인 : 아버지
상속인 : 장남, 장녀, 차녀, 차남(의뢰인), 합계 4명

아버지의 토지를 담보로 형이 융자를 받았다

아버지가 돌아가시고 난 후 H는 형과 두 누나까지 모두 네 명이 재산을 상속하게 되어 상속재산분할 협의를 시작했다. 어머니는 이미 돌아가셨다.

아버지의 주요 재산은 토지와 건물로 같은 토지에 건물이 두 채 서 있다. 한 채는 자택과 임대를 겸한 주택으로 H 가족이 아버지와 함께 살았다. 또 한 채는 형 가족의 자택으로 이 역시 임대주택을 겸한 건물이었다. H가 아버지와 같이 살았던 건물은 아버지 명의이고, 형이 사는 건물은 형이 은행 융자를 받아 직접 지었다.

H의 희망은 부동산을 현재 살고 있는 대로 형과 자신이 상속하고 두 누나에게는 예금을 나눠 주는 것이었다. 그는 이것이 합리적이라고 생각했다. 결혼하여 집을 떠난 누나들은 H의 의견에 동의했지만 형의 동의를 얻을 수 없었다.

건물이 두 채이지만 토지는 나뉘어져 있지 않고 한 필지였다. 아버지 명의의 건물은 이미 건축비 대출금을 다 상환했지만, 형은 아직 건축비 대출금이 남아 있고 융자를 받을 때 아버지의 토지를 담보로 제공했기 때문에 저당권도 설정되어 있었다. 이를 이유로 형은 토지를 모조리 자신이 상속하겠다고 나섰다. H가 토지를 상속받고 싶으면 대출 잔액을 갚아 달라, 그러면 담보를 풀어주겠다며 억지를 부렸다. 협의가 되지 않아 평행선을 달리는 상태로 신고 기한이 코앞에 닥쳤다.

 두 채의 다른 건물에 서로 다른 가족이 거주할 경우 더 빠른 시일 안에 나눌 수 있도록 미리 준비할 필요가 있다. 형이 임대주택을 지을 때 확실하게 필지를 나눠 각자 토지를 소유하고 담보도 형의 토지만 설정했다면 이런 문제는 막을 수 있었다. 그 다음에 아버지가 '이용에 맞게 상속한다'는 유언장을 남겨 줬다면 분쟁이 일어나지 않았을 것이다.

신고 기한까지 결론이 나지 않아 우선 미분할 상태로 상속세 신고를 마쳤는데, 형이 변호사를 선임하여 가정법원에 상속재산분할 협의 조정신청을 했다. 끝까지 토지를 전부 상속받을 생각인 것이다. H가 부모님과 함께 살며 보살펴 온 사실을 무시한 처사로 형의 주장은 도리에 어긋난다고 볼 수 있다. 그렇다고 혼자 힘으로 변호사의 주장을 이기기도 어렵기에 H도 변호사에게 의뢰하는 방법을 선택할 수밖에 없었다.

이렇게 되자 지금까지 그랬던 것처럼 서로 이웃해서 사는 것은 정신적인 부담이 되어 H는 어떤 결론이 나더라도 본가에서 나가겠다는 결심을 하게 되었다. 아버지 생전에는 드러나지 않았던 본심이 한꺼번에 불거져 나온 것인데, 형제 관계보다 토지를 물려받는 쪽을 우선시하는 형의 가치관이 이 같은 갈등을 불러온 것이다.

사례연구 9   20년 전 죽은 형의 원한을 상속으로 갚는다

의뢰인 : I 씨(정년퇴직, 아내, 딸, 작은 누나(차녀)와 동거)
피상속인 : 큰누나(장녀, 독신, 자녀 없음, I 씨와 동거)
상속인 : 여동생(차녀), 남동생(차남=의뢰인), 오빠(장남)의 자녀(조카 남매), 합계 4명

죽은 형의 자녀들이 도장을 찍어 주지 않는다

I는 2남 2녀(장남, 장녀, 차녀, 차남의 순서) 중 막내이다. 장남과 차남인 I는 결혼해서 자녀도 있지만 두 누나는 결혼할 기회를 놓쳐 독신으로 지냈다. 형만 분가를 했고 큰누나, 작은누나, I 씨 가족은 부모님에게서 상속받은 본가에 살고 있다.

아버지가 돌아가시고 상속 절차를 밟을 때 형이 토지의 권리를 포기해 명의를 삼남매 공동으로 했다. 그 후 I는 두 누나의 도움을 받아 3층 집으로 다시 지었다. 건축비를 세 명이 분담했기 때문에 건물 명의도 세 사람 명의로 했다. 벌써 20년 전의 일이다. 장녀인 큰누나는 2년 전 에 세상을 떠났다.

집이 노후하기 시작했고 마침 I의 딸도 결혼하게 된 것을 계기로 I와 작은누나는 집을 다세대 주택으로 다시 짓기로 결정했다. 건축 자금이 없어 토지 절반을 매각하여 건축비로 충당할 생각이었다. 근처 부동산 회사에 상담했더니 희망하는 금액으로 충분히 팔릴 거라는 대답을 들 었다. I는 안심하고 측량과 필지 분리를 의뢰하여, 건물 신축 계획을 세우고 토지의 매각도 의뢰했다.

그런데 여기까지 진행하고 나서야 비로소 2년 전에 고인이 된 큰누 나의 명의가 아직 그대로라는 사실을 지적받게 되었다. 전혀 신경을 안 쓰고 있었는데 문제가 의외로 복잡했다. 토지를 매각하려고 해도 죽은 누나의 상속 등기부터 먼저 해야 했다. 큰누나의 상속인은 형제 자매인 큰형, 작은누나, I이고, 큰형은 이미 세상을 떠났기 때문에 큰 형의 두 자녀가 대습상속인이 된다는 사실도 처음 알았다.

장남 가족과는 사이가 소원해져 있었는데 형수에게 사정을 얘기하 기 위해 I가 연락을 했다. 그러나 장남이 세상을 떠난 후 있었던 일 때 문에 만나자는 요청을 거절당했다. 그 후 연락을 해도 아예 전화를 받 지 않아 곤경에 빠지고 말았다.

 배우자와 자녀가 없는 독신자의 상속인은 부모이다. 부모가 이미 돌아가셨을 경우는 형제자매가 상속인이 된다. 형이 죽고 나서 사이가 소원해진 사정이 있다면 큰누나의 유언장은 더욱 절대불가결한 것이었다. 때문에 애초에 등기할 때 법무사 같은 전문가가 당사자들에게 설명을 해 주었다면 좋았을 것이다. 게다가 I 집안 같은 경우 부모님으로부터 상속을 받을 때 원인이 발생했다는데, 큰누나가 살아 있을 때 문제 해결 방안을 미리 마련해 두었어야 했다. 유언장만 있었다면 과거의 묵은 원한을 끄집어 낼 필요도 없고 관계가 더욱 악화되는 일도 없었을 것이다.

그러나 현실적으로는 유언장이 없고 형의 가족은 아예 들으려고도 하지 않았다. 당사자끼리는 협의를 하고 싶지 않다며 변호사를 선임했다. 때로는 돈 문제보다 감정적인 문제가 큰 걸림돌이 되곤 한다. I의 경우도 아버지로부터 상속받을 때의 처우와 형이 죽었을 때 장례식장에서 오간 말 등이 오랜 세월 갈등을 낳는 계기가 되었다고 한다.

결과적으로는 토지를 매각해 법정 비율로 나누게 되었다. I는 지을 예정이었던 건물은 짓지 못한 채 다른 곳으로 이사를 가야 했다. 전문가라면 누구나 알고 있을 일이니 만큼 적절한 조언을 해 주는 사람이 없었다는 사실이 안타까울 뿐이다.

사례연구 10 남편이 죽고 시누이 마음대로 상속이 추진된다

의뢰인 : J씨(회사원, 두 딸, 시누이와 같은 부지의 다른 건물에 산다.)
피상속인 : 시아버지
상속인 : 장녀(시누이), 죽은 장남의 아내(의뢰인), 죽은 장남의 두 딸, 합계 4명

아버지의 상속재산분할 협의 도중 남편이 급사

J의 남편은 장남으로 여동생이 하나 있다. 독신인 시누이가 시부모와 같이 살았고, J 가족은 같은 부지에 남편 명의의 집을 지어 살고 있나. 시어머니가 돌아가신 후에도 시아버지는 시누이와 함께 생활해 특별히 부모를 모실 필요가 없었다. J가 직장을 계속 다니는 데 지장이 없었던 것이다. 남편은 한창 일할 나이인 데다가 전근이 많았고 딸들

이 대학교, 고등학교에 다닐 무렵에는 혼자서 지방에 전근을 가 있는 상황이었다. 시아버지가 돌아가셨을 때 남편은 지방에서 근무하고 있었지만 장례식 일처리부터 시작해 무슨 일이 있을 때마다 달려와 장남의 역할을 해냈다. 그 후 시누이와 재산 분배에 관해 협의 중이었는데 시아버지가 세상을 떠난 지 채 1년이 되지 않았을 때 남편이 혼자 근무하던 지방에서 갑자기 사망하고 말았다.

아직 시아버지 재산의 상속재산분할 협의가 끝나지 않았고 J는 남편에게서 유산 문제에 대해 자세한 내용을 듣지 못했다. 이 같은 상황에서 상속세는 신고할 필요가 없었고 남편의 갑작스러운 죽음으로 경황이 없기에 시아버지의 상속 수속은 손을 댈 수조차 없었다. 그런데 시누이가 먼저 정기예금의 만기일이 되었으니 빨리 진행하고 싶다는 얘기를 꺼냈다.

분할 내용을 들어보니 시누이가 재산의 60%, 남편이 40%를 상속받는다는 내용으로 남편도 여기에 동의했다는 것이다. 대부분의 예금은 시누이 소유가 되고 토지는 공유한다는 것이었다. 게다가 생전에 분할 협의가 성립된 것으로 하겠다는 설명을 하면서 남편의 인감도장을 찍을 수 있도록 서류까지 준비해 왔다. 시누이의 말에 의하면 이미 그 내용으로 세무사가 상속세 신고도 마쳤다는 것이다. J의 입장에서 보기엔 의문이 너무 많아 상담 의뢰를 하지 않을 수 없는 상황이었다.

해결 방법 위의 경우 가장 큰 문제는 토지가 용도를 구분해서 분필되지 않고 한 필지로 되어 있는 상태라는 것이다. 본래 시아버지가 생전에 토지를 나누어 남편에게 증여해 놓았다면 공유 문제가 일어나지 않았을 것이다. 아니면 필지를 분할한 다음에 유언장으로 지정해 놓았더라면 좋았을 것이다. 그런데 토지가 한 필지로 되어 있는 상태에서 유언장도 없이 시아버지가 돌아가셨고 남편도 갑자기 세상을 떠나는 바람에 시누이의 발언권은 강해질 수밖에 없었다.

J는 시누이와 이웃에 살면서 다투고 싶지 않았기에 시누이 말대로 상속을 진행하기로 결정했다. 그런데 토지를 공유하게 되면 어떤 일도 단독으로는 결정하지 못하고 합의 없이 팔 수 없다. 또 시누이가 결혼하게 되면 그 배우자의 권리도 생기기 때문에 상황이 더 복잡해진다. 필지를 분할하여 단독 명의로 하는 것이 바람직하지만 합의를 얻기가 힘들었다.

문제점은 여전히 남아 있지만 풍파를 일으키고 싶지 않은 마음을 우선해, 시누이가 말한 대로 하고 토지는 J와 시누이가 공유하게 되었다. 계속 이웃해 살려면 어쩔 수 없는 선택이었다.

PART 03

공증 받은 유언장이 있어도
갈등을 빚는 사례

공증 받은 유언장이 있어도
갈등을 빚는 사례

 〈전부인 자식 vs 새어머니〉
재산을 새어머니가 감추어 버리다

의뢰인 : A 씨(회사원, 아내와 세 자녀)
피상속인 : 아버지(재혼, 전부인은 고인)
상속인 : 배우자(새어머니), 전부인의 자녀(장녀, 차녀, 차남=의뢰인), 장남의 두 자녀(대습상속), 합계 6명

새어머니는 자신에게 유리한 상속을 받고 싶었다

A의 아버지는 개간으로 농지를 취득하여 부부가 농사를 지었는데 어머니가 젊은 나이에 세상을 떠났다. 그 후 아버지는 자녀들의 반대를 무릅쓰고 재혼을 했다. 얼마 후 본가를 이어받을 형(장남)도 세상을

떠나 노후에는 새어머니와 단둘이 살았다.

토지는 자택 주변 일부에 불과하고 농지는 전부 택지가 되어 임대 점포, 임대용 다가구 주택, 주차장이 되었다. 그밖에 고인이 된 형의 집, 차남인 A의 집이 있고, 누나(장녀)도 부지 내 아버지 명의로 된 집에 살고 있어, 상속인들이 매일 얼굴을 마주 대하는 상황이다.

아버지는 공정증서 유언을 남겼다. 유언의 내용은 자녀 네 명에게 사용대차(使用貸借)하고 있는 자택의 토지와 셋집의 토지를 상속하고, A에게는 별도로 임대 점포와 주차장을 여분으로 상속한다는 것이었다.

임대 수입이 있는 부동산과 예금 같은 것은 전부 새어머니가 상속받게 되어, 자녀들은 자택과 지은 지 30년 이상 된 셋집을 팔아야만 납세를 할 수 있었다. 게다가 유류분 반환 청구를 할 경우에는 새어머니가 아닌 차남인 A에게 하라고 쓰여 있었다.[*]

공정증서 유언은 변호사가 집행자로 지정되어 있었다. 그리고 변호사가 보내온 재산 명세에는 예금 잔액이 약 100만 엔만 남아 있었다. 아버지 명의로 매달 들어오는 임대 수입이 있을 텐데 도무지 이해가 되지 않는 상황이었다. 상담 의뢰한 상속인들이 새어머니를 의심할 수밖에 없는 상황이었다.

예금은 전부 인출하여 자택에 현금으로 감춰 놓고 있었다.

새어머니를 제외한 상속인들은 '아버지가 몇 년 전에 토지를 매각

---

[*] 우리나라의 경우 유언으로 유류분 반환청구의 상대방을 지정할 수 없다.

해 억 단위의 돈이 들어왔다고 들었다. 매달 들어오는 임대료도 상당히 있으므로 예금이 더 없다는 것이 이상하다' 는 의견이었다. 금융기관에 예금 입출금과 주식 거래명세 정보를 공개하도록 요청하여, 조사한 결과를 유언집행자인 변호사에게 제시하고 사실 확인을 요구했다. 그러자 새어머니는 아버지의 매월 수입을 전부 계좌에서 인출하여 자택에 감춰 놓은 것을 인정했다.

상속인들은 상속세 신고를 새어머니와 따로 하고 새어머니 측의 세무사에게도 정보를 공개하도록 요청하였다. 또 새어머니에게 유류분을 청구하는 대신에 상당한 재산 분배를 요구하였는데, 이 상속재산분할 협의에 새어머니가 응해 상속세 신고를 마칠 수 있었다.

문제가 되었던 포인트

- 새어머니가 재산을 공개하지 않았다.
- 유언집행자인 변호사를 새어머니가 선임했다.
- 있어야 할 예금이 거의 없다.
- 자녀들에게 부동산만 물려준다는 유언이므로 납세가 불가능했다.

사례연구에서 배운 교훈

- 예금은 금융기관이 거래명세 정보를 명시해 준다.
- 특정한 주식이라면 보유 상황을 조사할 수 있다.
- 공정증서 유언이 있어도 상속인 전원이 함께 상속재산분할 협의를 할 수 있다.
- 상속세 세무 조사 때 상속인들은 정보를 입수할 수 있다.

 ⟨오빠 vs 여동생⟩
부채를 떠넘길 경우

의뢰인 : B 씨(회사원)
피상속인 : 어머니(아버지는 고인)
상속인 : 장남(의뢰인), 장녀, 합계 2명

명백하게 여동생의 상속분이 많다

B의 어머니는 아버지가 돌아가신 후 혼자 살았는데 근처에 사는 여동생이 주로 어머니를 보살폈다. B는 어머니가 공정증서 유언을 남겼다는 사실을 어머니가 돌아가시고 나서야 알게 되었다.

어머니는 B에게 다가구 주택만 남기고 딸에게는 자택과 예금 등 다른 재산을 물려주었다. 다가구 주택보다 자택이 더 넓은 데다가 재산 가치도 분명히 높고 예금도 있기 때문에 비율로 보면 여동생이 65%, B가 35%로 배분된 것이다. B는 이미 자기 집을 소유하고 있기에 B의 입장에서는 수익이 있는 다가구 주택으로 충분하다고 이해할 수 있는 상황이었다. 그런데 생각지 못한 몇 가지 문제가 걸림돌이 되고 말았다.

개축한 다가구 주택의 부채가 문제, 등기도 못 한다

유언장이 작성된 다음에 어머니는 노후한 다가구 주택을 다시 지었고 건축비는 은행에서 빌렸다. 이 경우 그 부채를 누가 상속할 것인가가 문제였다. 유언장에는 모든 부채를 여동생이 상속하게 되어 있고 은행의 연대보증인도 여동생이었다. 그런데 한편으로 유언장에 옛 건물의 표시가 기재되어 개축한 건물 표시와는 다르기 때문에 법무사가 판단했을 때 유언장을 근거로 등기를 할 수 없었다. 여동생의 협력 없이는 다가구 주택을 B의 명의로 할 수 없었던 것이다.

유언장에 지정되지 않은 재산에 관해서는 두 사람의 공동소유가 되는 것을 알게 된 여동생은 부채를 승계하는 거라면 아예 다가구 주택 건물을 공유하고 싶다고 했다. 건물이 공유가 되면 집세 수입도 절반씩 나누어야 한다. 이 경우 나중에 분쟁으로 발전할 것이 뻔했다.

부채는 승계하고 싶지 않다

B는 부채를 상속할 생각은 없었으나 다가구 주택과 관련된 권리 · 의무를 단독으로 승계하려면 어쩔 수 없이 부채까지 떠안아야 했다. 그나마 다행인 것은 부채로 인해 실제 상속받는 재산이 적어져 그만큼

유류분을 청구할 수 있었다.

B는 일이 이렇게 될 바에야 다가구 주택을 다시 짓지 않고 노후한 채로 그냥 남겨 주는 게 차라리 나았을 것이라며 분개했다. 부채가 있어 절세할 수 있었지만 그보다도 더 골치 아픈 문제를 떠안은 결과가 되고 말았기 때문이다.

문제가 되었던 포인트

- 건물이 변경된 것을 유언장에 반영하지 않았다.
- 다가구 주택 부채의 상속인이 명기되지 않았다.
- 유언장에 기재되어 있지 않은 재산은 상속재산 분할 협의가 필요하다.

사례연구에서 배운 교훈

- 상황이 변하면 유언장은 다시 만들어야 한다.
- 부동산을 공유하는 것은 피하는 것이 무난하다.
- 해석이 다른 경우는 가정법원의 조정으로 해결한다.
- 유류분이 침해받았을 경우는 유류분 부족분에 대한 반환청구를 한다.

〈장남 부부, 손자 vs 딸〉
농가를 남기기 위한 유언

의뢰인 : C 씨(전업농가, 독신)

피상속인 : 할아버지

상속인 : 배우자(할머니), 장남(아버지), 딸 4명, 장남의 아내(어머니, 양자),

　　　　손자(의뢰인, 양자) 합계 8명 *

지주이고 농가의 후계자

　C 씨 일가는 몇 대나 이어온 대지주로 전업농가이다. 돌아가신 할아버지의 재산은 대부분이 토지이고 자택과 그 주변의 농지가 일부 포함되어 있다. C는 조상 대대로 물려받은 농지를 지키는 것이 후계자의

의무라고 생각하는 사람이었기에, 뇌경색으로 쓰러져 거동이 불편한 아버지를 도와 계속 농사를 짓고 있었다.

　상속 대책으로 할아버지는 후계자인 손자 C와 C의 어머니인 맏며느리를 입양했다. 둘을 포함해 할머니와 고모(아버지의 여동생)까지 합치면 상속인은 여덟 명이었다.

2차 상속도 고려하여 할머니에게 갈 재산은 없음

　할아버지는 공정증서 유언을 작성했는데 부동산의 일부를 손자인 C에게, 나머지 부동산 전부를 후계자인 장남에게 남기고 출가한 네 딸에게는 장남이 현금을 지불하라는 내용을 명시했다. 2차 상속 분쟁이 생길 우려 때문에 배우자인 할머니에게는 상속재산을 남기지 않았다. 모두 농가로 몇 대를 이어온 C 일가의 대를 잇기 위한 할아버지만의 상속 방침이었던 것이다. 손자인 C의 입장에서도 가업이 자신의 대에서 끊기지 않길 바라는 바였다.

유류분 반환청구가 야기되었다

　이 유언장으로 부동산 등기는 완료되었고 아버지와 C의 명의로 된 토지는 지킬 수 있었다. 그러나 유언장에 부동산 이외의 기타 재산에 관해서는 기재가 없었다. 결국 전 재산을 유언장으로만 처리할 수가 없어 상속재산분할 협의도 필요했다.

　나중에 변호사를 선임한 고모 네 명으로부터 유류분 반환청구를 받았다. 고모들은 유언장에 기재된 현금이 적다고 주장했다. 두 배의 현금을 주는 것으로 고모 세 명과는 상속재산분할 협의가 끝났지만, 고모 한 명은 끝까지 이해해 주지 않아 결론을 내지 못했다.

결국에는 신고기한 내에 합의할 수 없는 상황이 되어 우선 미분할로 신고를 마쳤다. 앞으로 변호사와 타협 조건을 찾으면 문제를 해결해 수정 신고를 해야 했다. 공정증서 유언에 부동산만 기재되어 완성된 것은 준비가 부족했다고 할 수 있다. 이것이 분쟁이 길어진 원인이 된 것이다.

문제가 된 포인트

- 공정증서 유언에 부동산만 기재되었고 다른 재산은 기재되지 않았다.
- 공정증서 유언에 기재되지 않은 재산은 유산분할 협의가 필요했다.
- 유류분에 저촉되는 내용이다.
- 상속세 신고기한까지 상속재산분할 협의가 해결되지 않아 미분할 신고를 했다.

사례연구에서 배운 교훈

- 공정증서 유언에 전 재산을 기재한다.
- 신고기한에 맞출 수 있도록 분할 협의를 마친다.

- 우리나라의 경우도 며느리나 손자를 양자로 할 수 있으나, 배우자가 있는 경우 동의를 필요로 한다.

 〈어머니 vs 두 딸〉
모녀의 갈등

의뢰인 : D 씨(부동산 임대업)
피상속인 : 남편
상속인 : 배우자(의뢰인), 장녀, 차녀, 장남, 합계 4명

후계자가 없어 장사는 폐업

D 씨 부부는 점포를 소유해 장사를 했다. 부부가 노후를 맞이할 무렵 두 딸은 출가를 했고 장남도 가업을 잇지 않고 회사원이 되었기에 가게를 폐업하기로 결정했다. 마침 거품 경제기로 토지를 이용한 재테크가 한창이었다. 이때 건축회사의 영업 사원이 하루가 멀다 하고 가

게를 찾아왔다. 다행히 가게는 입지가 좋아 임대 빌딩을 세우면 세입자는 얼마든지 있을 것이라는 얘기였다. 그래서 장사를 그만둬도 수입이 들어오면 되겠지 싶어 남편은 점포가 있는 토지 70평에 빌딩을 세우기로 결정했다.

등가(等價) 교환으로 건물을 취득

빌딩을 짓기로 마음먹게 된 것은 건축비를 차입하지 않아도 된다고 했기 때문이었다. 일반적으로 빌딩을 지으려면 억대의 돈이 들어간다. D 씨 부부에게는 그만한 저축이 없어서 불안했으나 건축회사 측에서는 토지를 등가교환 하면 토지를 양도한 몫만큼 건물이 자신의 명의가 되고 부채는 끌어안지 않아도 된다고 했다.

D의 남편은 등가교환을 해서 토지는 줄어들었지만 빌딩 1층에 40평의 공간과 3층의 주택을 확보할 수 있었다. 1층 점포는 패스트푸드점에 임대해 매월 월세가 들어왔다. 토지가 줄어들었다고는 해도 부채가 없다는 것에 부부는 크게 안심을 했다.

부동산을 공유하는 유언

남편은 사망하기 전에 변호사를 증인이자 집행자로 하여 공정증서 유언을 남겼다. 유언 내용을 보면 주거 공간은 아내가 사용하고 점포는 아내가 절반, 두 딸이 1/4씩 공유하는 것으로 되어 있었다. 장남에게는 살고 있는 자택의 토지를 남겨 주었다. 아내가 사망한 뒤에는 집과 점포에 대한 아내의 권리는 장남에게 주고, 삼남매가 공유하여 집세를 서로 나누면 된다는 것이 남편의 생각이었다.

그러나 아무리 집안 식구라 해도 재산을 공유하는 것은 간단한 일이
아니므로 불필요한 문제를 남기지 않기 위해서는 각자 소유하도록 하
는 상속재산분할 협의를 하는 게 좋다. 예를 들어 한 사람이 소유하고
그밖에 다른 사람들에게는 보상금을 지불한다. 보상금을 준비할 수 없
을 때는 점포를 매각해서 현금을 나눠 주는 것이 좋은 방법이다.

예상했던 대로 두 딸은 점포의 권리를 주장하면서 양보하지 않았고
집세 수입 중 각자 자기 몫을 청구해 왔다. 그렇게 옥신각신하는 동안
에 모녀는 서로 욕설까지 하는 견원지간이 되어 예전 상태로 돌아갈
수 없을 정도로 심각하게 대립하게 되었다.*

문제가 된 포인트

- 공정증서 유언에 부동산을 공유하는 내용을 남겨 놓았다.
- 수익 부동산의 집세 분배 방법을 둘러싸고 분쟁이 일어났다.

사례연구에서 배운 교훈

- 부동산의 공유는 피한다.
- 부동산을 상속하지 않는 사람에게는 보상금을 지불하도록 한다.
- 보상금을 지불할 수 있을 정도의 현금도 여유롭게 보유할 수 있도록 한다.

---

* 우리나라에서는 공유하는 부동산의 임대료(월세) 분배 방법은 피상속인이 유언으로
  지정할 수 있는 것이 아니라 특별한 사정이 없는 한 각 공유자의 지분 비율대로 소득
  을 배분한다.

 〈장녀 vs 차녀 부부〉
여동생에게 배신당하다

상담자 : E 씨(회사원)
피상속인 : 아버지(어머니는 고인)
상속인 : 장녀(의뢰인), 차녀, 차녀의 남편(양자), 합계 3명

여동생의 남편이 데릴사위가 되었다

E의 아버지는 회사를 경영하고 있었는데 아들이 없고 딸만 둘이어
서 장녀인 E의 남편이 회사 업무를 도와주고 있었다. 아버지는 큰 사위
가 데릴사위가 되어 주기를 바랐으나 외아들인 남편은 성이 바뀌는 것
에 대해 거부감을 갖고 있었다. 아버지로서는 회사의 후계자보다도 집

안의 대를 이을 후계자를 갖고 싶다는 마음이 더 절실했다. 가족들이 의논한 결과 여동생의 남편이 데릴사위가 되는 것을 승낙해 문제가 일단락되었다.[*]

회사의 경영권도, 토지도 마음대로 할 수 없다

여동생 부부는 부모님과 함께 사는 게 아니고 다른 곳에서 부부가 함께 점포를 운영하고 있었다. 장녀 E 씨 부부는 아버지 소유의 토지에 집을 지어 부모님 집 가까이 살았고, 남편이 아버지 회사를 승계하여 대표가 되었다. 아버지도 회사는 E의 남편에게 맡기겠다고 공언했다. 그런데 아버지가 돌아가셨을 때 여동생이 공증을 마친 아버지의 유언장을 제시했는데, E 씨 부부는 그 내용을 보고 경악을 금치 못했다.

E의 남편이 승계한 회사 주식은 경영에 관여하고 있지 않은 여동생 부부가 75%, 장녀 E가 15%, 대표인 E의 남편이 10% 였고, 회사가 사용하는 토지와 건물은 여동생이 상속하게 되었다. 여동생 부부는 납세를 위해 회사가 사용하는 토지와 건물을 물납(物納, 예를 들어 재산세를 가옥으로 내는 경우를 말함)을 하거나 매각할 생각이라고 선언했다. E 씨 부부에게는 너무나 부조리한 유언장으로 아무리 생각해도 아버지가 직접 작성한 내용이라고 생각되어지지 않았다. 이것만으로도 E 씨 부부와 여동생 부부의 관계는 험악해지고 말았다.

---

[*] 우리 법은 사위를 양자로 하는 서양자 제도를 폐지하였다. 다만 일반 양자는 가능한데 성은 변경하지 않는다.

자매 사이를 갈라 놓기 위한 유언장

유언장에는 E에게 자택의 토지만 상속한다고 되어 있었다. 인접한 주차장은 자택 토지와 따로 필지를 나누어 여동생 소유가 되었다. 여동생은 토지와 임대 아파트도 상속받을 예정이므로 자택만 상속받는 E에 비해 상속세도 쉽게 납부할 수 있었다. 그런데도 회사가 이용하는 부동산을 매각한다고 하니 이는 언니 부부에 대한 심술이라 볼 수밖에 없었다.

E의 입장에서 보면 아버지의 유언장은 자매 사이를 갈라 놓기 위한 것에 불과했다. 남편이 양자가 되지 않았던 것이 요인일지도 모르지만, 아버지의 생각만으로 이렇게까지 매정하게 할 수 있다고는 믿을 수 없었다. 그녀 입장에서는 이 모든 것이 여동생 부부의 책략으로 생각되었다.

문제가 된 포인트

- 회사 대표보다도 여동생 부부가 상속하는 소유 주식이 많다.
- 회사가 이용하는 토지를 여동생이 상속하여, 납세에 충당하겠다고 선언했다.
- 자택의 토지만 분필, 최소한의 재산밖에 상속할 수 없다.

사례연구에서 배운 교훈

- 회사 운영을 시작할 때, 생전에 주식을 증여해 주겠다는 약속을 받는 것이 좋다.
- 회사가 이용하는 토지에 대해서도 약속을 하는 것이 좋다.
- 가족회의에서 서로간의 의사소통을 도모한다.

〈전부인 자식 vs 새어머니〉
가장 흔한 갈등 관계

의뢰인 : F 씨(공무원, 아내와 자녀)
피상속인 : 아버지(친어머니는 고인)
상속인 : 배우자(새어머니), 전부인의 장남, 차남(의뢰인), 합계 3명

새어머니 마음대로 할 수 없는 재산을 남긴다고 했다

F는 형이 하나 있고 중학교 때 어머니가 병으로 돌아가셨다. 아버지
는 그 후 바로 자녀가 있는 여성과 재혼하여 집으로 맞아들였다. 공무
원인 아버지는 두 자녀를 데리고 남자 혼자 생활하기 힘들다는 인식을
했던 것이다. 그런데 새어머니는 F 씨 형제에게 차갑게 대하는 사람이

라 좋은 추억이라고는 하나도 없었다. 심지어 아버지한테까지 비슷한 태도를 취해 온 집안을 자기 세상인 양 처신했다. 두 형제의 식사조차 제대로 챙겨 주지 않는 게 다반사였기에 형제는 친척이나 친구 집을 피난처로 삼아 돌아다니며 생활했다고 한다. 고등학교 졸업과 동시에 형과 F는 집을 나와 독립했고 아버지가 사는 본가에는 발걸음을 하지 않았다. 때문에 아버지의 생활을 알 수도 없었지만, 아버지가 가끔 새어머니를 피해 다니는 일은 있었다고 전해 들었다. 두 사람이 이혼까지 가지는 않았지만 아버지는 새어머니를 신뢰하지 못한 채 무덤덤하게 살았던 것이다.

아버지의 건강이 나빠져 입원했다는 말을 듣고 형제가 아버지를 만나러 갔다. 그때 아버지는 새어머니가 마음대로 할 수 없는 예금을 재산으로 남겨 줄 테니까 안심하라고 몇 번이나 얘기를 했다. F는 공무원으로 정년퇴직한 아버지에게 퇴직금이 지불되었을 테니 그것을 말하는 거라고 이해했다.

아버지의 진의라고는 생각할 수 없는 유언장

아버지가 세상을 떠났을 때 새어머니는 두 형제에게 '아내에게 전 재산을 상속한다' 라는 유언장을 들이밀었다. 그러나 그것을 아버지의 진의라고 생각할 수 없었다. 새어머니에게 따지고 들었지만 그녀는 '재산이 없다' 고 발뺌을 했다.

F에게 금융기관을 조사하도록 조언했더니 예금은 이미 새어머니와 그 자녀의 명의로 되어 있었다. 그것도 아버지가 입원 중에 새어머니가 멋대로 처리를 해 놓은 것 같았다.

F와 형은 아버지의 재산을 받는 것뿐 아니라 새어머니의 횡포를 바로잡고 아버지의 권위를 되찾고 싶다는 마음으로 재산 공개와 유류분 반환 청구를 하기로 했다. 그들은 새어머니에게 내용증명 우편을 보냈다. 그러나 감감무소식으로 아무런 해결이 나지 않았다. 새어머니는 예금과 부동산을 이미 자기 것으로 했으니 거리낄 게 없었다. F와 형은 아버지의 원한을 풀고 자신들이 납득할 정도가 아니면 상속은 끝나지 않는다는 입장이었다. 악착스러운 새어머니 쪽에서는 미리 만반의 준비를 해 두었기에 끄덕도 하지 않았다.

문제가 된 포인트

- 예금은 생전에 현재부인과 그 자녀의 명의로 옮겨놓았다.
- 새어머니에게 전 재산을 상속한다는 공증 유언장이 있었다.

사례연구에서 얻은 교훈

- 일상생활을 알지 못하면 불리하다. 일상적으로 의사소통하는 게 중요하다.
- 본인의 의사는 분명하게 확인하고 사실 확인도 해 두면 증거가 된다.

〈전처 자식 vs 후처 자식〉
어머니가 돌아가셔서 유언을 실행할 수 없다

의뢰인 : G 씨(회사원)
피상속인 : 아버지
상속인 : 배우자(어머니), 장남(의뢰인), 장녀, 차녀, 전부인 자녀 2명, 합계 6명

어머니가 먼저 세상을 떠나버렸다

G의 아버지는 어머니와 재혼 후 G와 두 여동생까지 모두 세 명의 자녀를 두었다. 전부인 자녀는 전부인이 맡아 키웠기에 아버지는 그 자녀와 만날 일 없이 세월이 흘러갔다. 아버지는 상속 분쟁을 피하기 위해 공정증서 유언을 미리 작성해 두었다.

아버지의 주요 재산은 임대 수입이 있는 아파트였다. 아버지는 '지금의 아내(어머니)와 자녀 세 명(G와 두 여동생)에게 상속한다' 는 내용을 남겼다. 그중 어머니의 몫이 절반이었다. 때문에 훗날 전부인의 자녀가 유류분을 청구해도, 두 사람의 상속분이 전체의 4/13 정도(유류분권은 2/13)이므로 별 문제가 없을 것이라고 생각했다. 유언집행자는 증인이 된 변호사로 해 아버지는 모두가 안심할 상황으로 생각했다. 그런데 예상과 달리 어머니가 먼저 세상을 떠났다.

그때 아버지가 유언집행자인 변호사에게 상담을 했으나 변호사로부터 특별히 변경할 필요가 없다는 말을 듣고 유언장을 다시 작성하지는 않았다.

어머니의 상속분이 소멸하면서 전부인 자녀의 권리가 늘어나다

3년 후에 아버지가 돌아가시고 나서 G가 공정증서 유언으로 상속등기를 하려고 했더니, 법무사로부터 '이미 돌아가신 어머니의 상속분은 특정할 수 없기 때문에 상속인 전원에게 권리가 있다' 는 지적을 받았다. 뜻하지 않게 아버지의 의사와 동떨어진 현실이 되고 말았던 것이다. 아니나 다를까 전부인 자식들은 절반의 재산에 관해 법정 비율 이상의 현금을 요구했고, 그렇게 해 주지 않으면 유산분할에 응하지 않겠다고 했다.

이 상황에서 납득이 되지 않는 것 중 하나는 집행자로 지정된 변호사였다. 이런 결과가 되리라는 것은 쉽게 예상할 수 있었기에 변호사는 어머니가 사망했을 때 바로 추가 유언장을 작성해 놓아야 했다. 책임을 물을 수도 있지만 당시의 상황으로는 유산분할을 쌍방이 양보할 수 있는 선에서 빨리 결말이 나도록 하는 게 우선이었다. 그러나 그것은 기대하기 어려웠다. 이미 모든 것이 꼬일 대로 꼬여버린 상황이었던 것이다.

문제가 된 포인트

- 유언장에는 배우자에게 절반을 상속한다고 기재되어 있으나, 배우자가 본인보다 먼저 사망했다.
- 고인의 상속분을 특정할 수 없는 경우, 소멸, 상속재산분할 협의가 필요하다.

사례연구에서 얻은 교훈

- 상황이 변해도 적용될 수 있는 유언장을 만든다.
- 아니면 상황이 변했을 때, 만약을 위해 유언장을 다시 만든다.

〈언니 vs 여동생〉
언니의 책략

의뢰인 : H 씨(죽은 남편의 뒤를 이어 회사 대표)
피상속인 : 아버지
상속인 : 배우자(어머니), 장녀, 장녀의 아들(양자), 차녀(의뢰인), 합계 4명

회사의 위기를 아버지가 도와주었다

H는 병으로 세상을 떠난 남편의 뒤를 이어 남편이 창업한 회사의 사장으로 매일 분주하게 돌아다니고 있었다. 남편이 죽기 전까지는 전업주부였지만, 지금 그녀는 전업주부라기보다는 회사 대표에 어울리는 면모가 보인다. 그러나 그녀가 이만큼 회사일에 적응하기까지는 고난

의 연속이었다.

30대에 월급쟁이에서 벗어난 남편은 독립하여, 자사 빌딩을 세울 정도로 회사를 발전시켰다. 그러나 너무 무리한 것이 탈이었는지 40대에 건강이 악화되어 입원을 하게 되었다. 최고 경영자가 자리를 비우게 되자 경영이 순조롭지 않아 은행에서 빌린 자사 빌딩의 건축비 상환도 어렵게 되었다. 보다 못한 H의 아버지가 회사의 토지와 건물을 매입하는 형태로 H를 도와주어 은행 빚을 상환할 수 있었다. 토지와 건물은 아버지 소유가 되었다. 다행히도 아버지가 H의 가족이 힘든 시기라며 임대료도 받지 않고 빌딩을 사용하도록 해준 덕분에 H 씨 부부는 그럭저럭 영업을 계속할 수 있었다. 그 후 남편이 죽고 H가 사장 자리를 승계하였다. 그녀가 남다른 기획을 가지고 영업에 뛰어들기 시작하면서 실적도 점점 안정되었다.

언니의 책략으로 회사의 존속도 위협받다

아버지가 세상을 떠나자 언니는 아버지가 작성한 공정증서 유언이 있다며 H의 회사 부동산을 자신의 명의로 이전하고 집세를 청구해 왔다. 유언장은 언니와, 아버지가 입양한 조카에게 전 재산을 상속한다는 내용이었다. 더우기 어머니는 상속인에서 폐제(廢除)한다고 쓰여 있었다.* 놀란 H가 등기되기 전에 변호사를 통해 유류분 반환 청구를 했으나 3년이 지나도록 결론이 나지 않았다. 게다가 의뢰한 변호사가

● 폐제(廢除)는 상속인의 자격을 박탈하는 제도이다. 우리 법은 상속폐제를 인정하지 않고, 일정한 사유가 있는 경우에 한하여 '상속 결격' 을 인정한다.

'그렇게 당황할 필요 없다'고 말하고 있는 사이에 등기도 되어 버렸다. H는 모든 게 불안하기만 했다.

아버지는 평소에 '회사 토지는 H에게 상속한다'고 공언하고 있었으므로 손 쓸 방도가 있었는데 쉽게 지나쳐 온 것이 문제였고, 이제 와서는 해결이 간단하지 않았다. 언니의 독단으로 전혀 모르는 사람에게 토지와 건물이 매각되어 버리면 회사의 존속도 위태로워지기 때문에 대항 수단을 내세워야 했다. 아무래도 H가 언니로부터 토지를 매입하는 것이 최선책일 것 같았다. 결국 돈을 받고 회사 토지를 동생에게 넘기려는 언니의 노림수대로 된 것이다.

문제가 된 포인트

- 의뢰인이 경영하고 있는 회사의 부동산을 언니가 상속했다.
- 임대료 없이 사용하고 있던 부동산의 임대료를 청구해 왔다.
- 언니가 임대 물건으로 매각할 가능성이 있다.

사례연구에서 배운 교훈

- 부동산의 명의를 회사에서 아버지로 바꿀 것이 아니라, 다른 방법으로 해야 했다.
- 회사 부동산은 자사에서 보전할 필요가 있다.

 〈여동생 vs 오빠, 언니〉
막내가 유리하다

의뢰인 : I 씨(정년퇴직)
피상속인 : 어머니(아버지는 고인)
상속인 : 장남(의뢰인), 장녀, 차녀, 차남, 삼녀, 합계 5명

막내인 삼녀가 어머니와 동거

I는 오형제 중 장남이다. 자식들은 모두 부모 슬하를 떠나 독립했고 부모는 넓은 집에서 조용히 생활하고 있었다. 아버지가 돌아가시고, 자녀들 사이에서는 고령이 된 어머니가 혼자 살 것이 불안하니, 누군가 함께 사는 것이 좋겠다는 얘기가 나왔다. 형제들 대부분이 저마다

직장과 자녀 사정이 있어서, 같이 살 수 있는 사람은 막내 동생 부부밖에 없었다. 마침 막내의 남편은 조기 퇴직 제도를 이용하여 퇴직한 후일을 하지 않고 있을 때였다. 자녀가 없어 이사하기도 쉬운 상황이었다.

신탁은행이 유언장의 집행자로

어머니가 돌아가셨을 때 장남인 I가 상속 수속에 관한 이야기를 꺼내기도 전에 신탁은행에서 통지가 왔다. 남아 있는 상속인들은 그제야 어머니가 유언신탁을 했고 공정증서 유언이 남아 있으므로 상속 수속을 신탁은행이 한다는 사실을 알게 되었다. I에게는 아닌 밤중에 홍두깨 같은 일이었고 다른 형제들도 전혀 몰랐다고 한다. 알고 보니 어머니와 같이 살던 막내 부부가 신탁은행에 의뢰를 했던 것이다.

재산 대부분이 막내에게, 나머지는 공유로

어머니의 공정증서 유언은 다음과 같았다. 자택은 막내에게, 일부 토지는 장남 I에게, 또 한 곳의 토지는 I를 제외한 네 명의 공유로, 예금의 2/3는 막내에게, 1/3은 막내의 남편에게 유증한다고 되어 있었다. 부언 사항으로는 묘지 관리와 제사는 I가 하도록 하라고 기재되었다. 상속세는 부과되지 않지만 예금을 막내 부부가 전부 갖는 것은 납득할 수 없다는 불만이 I를 비롯한 동기간들로부터 제기되었다.

I는 막내에게 신처해 줄 것을 호소했지만 막내는 오빠의 요구를 거절했다. 유언장에 쓰여 있으니 당연하다는 태도를 취했다. I는 집행자인 신탁은행에도 증인이 된 책임을 묻고 조정을 교섭했다. 그러나 고

인의 의사대로 집행할 뿐이니 자신들에게는 책임이 없다는 냉정한 대답만 돌아올 뿐이었다. I는 어떻게든 상황을 타개해 보려고 애썼지만 유류분에도 저촉되지 않아 계산된 결과라고 볼 수밖에 없었다. 부동산은 몰라도 예금 부분만이라도 상속재산분할 협의를 다시 해주도록 막내에게 얘기를 꺼내보는 건 가능하지만 그 이상의 선택 방법은 없었다.

문제가 된 포인트

- 묘지 관리 및 제사 비용도 받을 수 없고 토지는 공유한다.
- 신탁은행이 상속재산분할 다툼을 조정해 주지는 않는다.

사례연구에서 얻은 교훈

- 같이 사는 사람은 유언장을 유리하게 받아 놓을 수 있는 입장에 있다.
- 상속자끼리 재산 분배에 관한 의논을 하도록 한다.

 〈형수, 조카 vs 남동생, 여동생〉
형수가 약속을 깼다

의뢰인 : J씨(회사원)
피상속인 : 어머니(아버지는 고인)
상속인 : 죽은 장남의 아내(양자) · 자녀(대습상속인), 차남(의뢰인), 장녀, 합계 4명

형수가 어머니에게 입양되었다

J는 어머니가 세상을 떠난 후에 상속 문제에 부닥쳤다. 상속인은 자기 외에 여동생과 형(장남)이어야 하지만 어머니보다 형이 먼저 사망했고 대습상속인인 조카가 상속인이 되었다. 또한 어머니가 입양을 한 형수도 상속인 입장이어서 모두 네 명이 상속받게 되었다. 아버지는 6

년 전에 돌아가셨는데 그때는 상속과 관련된 아무런 수속도 하지 않았다. 장남이 아직 살아 있었던 상황이라 어머니와 형의 의견에 밀려 아버지의 상속 수속과 재산 분배는 하지 않고 어머니가 돌아가셨을 때 자녀 세 명이 나누도록 하자는 얘기만 오고 갔다. 아버지의 재산은 어머니와 장남 가족이 같이 사는 자택의 부동산과 예금이어서 상속세 신고는 필요치 않은 범위였다.

행정사가 유언집행자로 전권을 갖는다

어머니가 돌아가신 후 형수로부터 아버지와 어머니 모두 유언장이 있다는 얘기를 들었다. 아버지의 유언장은 자필로 '모든 것을 배우자와 장남에게' 라고 작성되어 있었다. 어머니의 유언장은 공증된 문서로 '대부분을 형수와 조카에게' 상속한다는 내용이었다.

어머니의 유언장에는 행정사가 증인과 유언 집행자였고 '2년 동안은 유언 집행을 동결할 것, 그 후 집행자의 권한으로 부동산 매각을 비롯한 재산 처분은 자유롭게 집행할 수 있도록 할 것' 이라고 기재되어 있었다.*

유언장 내용을 납득하기 어렵다

J의 입장에서 보면 2년간이나 유언 집행을 동결한다는 기록은 유류분 반환청구 기한을 상실하게 하려는 의도가 엿보이는 대목으로 이해

---

* 우리 법의 경우 '상속재산 분할 금지' 를 유언으로 할 수는 있으나 유언 집행을 정지시키는 유언을 할 수는 없다.

하기 어려운 내용이었다. 무엇보다 집행자가 형수나 조카라면 그래도 납득할 수 있겠지만 전혀 모르는 사람이 부모님의 재산을 멋대로 처분하는 것을 납득하기 힘들었다. 또한 아버지의 유언장을 아버지 사망 후 6년이 지난 후 알리는 것이 부자연스러우니 혹시 위조가 아닐까 싶었다.

우선 J에게 유류분 반환청구를 할 것을 조언했지만 형수나 조카의 태도를 봐서는 상속인 사이에 상속재산분할 협의는 바랄 수 없을 듯했다. 이 경우 여동생과 둘이서 대항 조치를 검토해 보는 게 더 나을 수 있었다. 형수의 경우 남편이 사망했으니 자신과 자녀들을 지키고 싶어 협의가 쉽지 않을 것이다. 더욱이 감정적인 앙금이 남아 있다면 아주 힘들 수 있었다.

문제가 된 포인트

- 유언장 집행은 2년간 동결, 행정사가 집행자로 정해졌다.
- 생전의 상속인 사이의 약속이 파기됐다.
- 아버지 사후 6년이나 지나서야 유언장이 있다는 것을 알렸다.

사례연구에서 얻은 교훈

- 상속 수속은 훗날로 미루지 않는다.
- 유언 집행자는 상속인이 적임이다.

PART 04

유언장으로 자신의
의사를 전하는 시대

유언장으로
자신의 의사를 전하는 시대

사례연구 1   〈독신〉 아버지의 상속으로 갈등을 빚은 삼남매

상담자 : A 씨(자영업, 미혼, 자녀 없음)
상속 예정자 : 형, 누나, 여동생, 합계 3명

형, 누나와는 의절 상태, 의지하고 싶지도 않다

A는 사남매 중 셋째로 형과 누나는 결혼해서 배우자와 자녀가 있고, A와 여동생은 둘 다 독신이었다. 여동생은 어머니가 25년 전에 돌아가셔서 집안 살림을 꾸려가느라 혼기를 놓쳤다고 한다.

A의 아버지는 원래 농사꾼으로 선대로부터 많은 토지를 물려받았다. 그러나 아버지는 농사보다 장사에 수완이 있어 지인과 철공소 공동 경영하는 것을 비롯해 네 개의 회사를 경영하게 되었다. 자기 소유

의 땅에 공장과 회사 사무실을 짓고 영업하여 회사들이 제각기 궤도에
올라 있는 상황이었다. 아버지의 회사는 형과 누나가 경영했고 A와 여
동생은 경영에 참여시키지 않았다.

형과는 왕래가 있었으나 누나와는 오래 전부터 의사소통이 잘 안 되
었다. 결정적으로 동기간이 의절하게 된 것은 아버지가 돌아가셨을 때
였다. 모든 것을 누나가 좌지우지하고 아무 설명도 해 주지 않아, 불신
감이 깊어지고 피를 나눈 동기간이지만 직접 의논할 수 없는 사이가
되고 말았다. 간신히 상속재산분할 협의를 마쳤을 때 A와 여동생은 법
정 상속 비율에 따라 많은 현금을 받았지만 누나에 대한 불신감은 평
생 지울 수 없는 상처로 남았다. 형도 A와 여동생 편을 들어 주지 않고
누나 역성을 들었기에 의지할 수 없는 상태였다.

A와 여동생은 상속한 재산으로 각자 아파트를 구입하여 쾌적한 생
활을 시작했다. 미래에 대해 불안해 하지 않아도 될 만큼의 현금이 남
았지만 형제간의 균열은 회복할 수 없을 정도로 비참한 결말을 가져
왔다.

왜 유언장이 필요한가?

배우자와 자녀가 없고 부모도 이미 사망한 경우 상속인은 형제자매
가 된다. 자신들의 유산을 형, 누나 혹은 조카에게 남기고 싶지 않은
마음이 강하다면 두 사람이 유언장을 작성하여야 한다. 자신의 재산은
형과 누나에게 상속하지 않고 A는 여동생에게, 여동생은 A에게 상속
한다고 작성해 놓으면 두 사람의 의사대로 모든 문제가 해결된다. 물
론 형과 누나에게는 유류분 청구권이 있기 때문에 유류분 범위 내에서

는 재산을 받아갈 수 있을 것이다.[*]

상속 상담

A의 아버지가 돌아가셨을 때 유언장이 없어 상속재산분할 협의 과정에서 필요 이상으로 대립하게 되었다. A와 여동생 둘 다 재산을 물려받고 싶어서 갈등을 빚은 것이 아니라, 상속 수속을 진행할 때부터 자신들의 인격이 무시당했다고 느낀 것이 원인이었다. 그 결과 서로 용서할 수 없게 되었고 재산을 법정 분할하는 방법으로 결론을 내릴 수밖에 없게 된 것이다.

아버지의 상속은 결과적으로 누나의 의지에 굴복하지 않고 동생들의 주장을 펼칠 수 있게 해 주었다. 이를 기회로 앞으로의 삶도 대비할 수 있었다. A와 여동생 둘 다 결혼할 의사가 없어 서로 의지하며 살기로 마음먹었기에 나중을 위해서 유언장을 작성할 필요가 있었다.

● 우리 법은 형제자매가 법정상속분의 1/3을 유류분으로 인정한다. 그리고 유언으로 이를 배제할 수 없다.

〈재혼〉 전부인의 자식과 현재부인의 자식

의뢰인 : B 씨(회사원, 재혼한 아내와 세 자녀)
상속 예정자 : 배우자, 전부인의 자녀(장남 · 장녀), 차남, 합계 4명

재혼해 전부인의 자식을 맡다

B는 40대 샐러리맨이다. 그는 전부인과 이혼하고 두 아이를 자신이 맡아 재혼했다. 전부인과 이혼에 이르게 된 원인이 바로 지금 아내의 존재였기 때문에 적지 않은 갈등이 있어서 아이들에게도 마음의 상처를 주었다. 그러나 현재 아내와의 사이에도 자녀를 낳아 다섯 명의 가족이 사이좋게 생활하고 있다.

B는 아직 젊지만 '내가 사고로 세상을 떠나게 되면 내 생각을 전달

할 방법이 없다' 며 유언장 작성을 떠올렸다. 그는 늘 '나는 아버지니까 당연하지만 아내가 아이들을 차별 대우하지 않고 공평하게 대해줘서 고맙다' 며 재혼한 아내에게 감사하고 있었다. 그러나 B의 입장에서는 지금은 원만하게 지내고 있다고 해도 지금의 아내가 낳은 자녀와 전부인의 자녀들이 친형제가 아니라는 게 마음에 걸렸다. '내가 먼저 세상을 떠나면 가족끼리 원만하게 지내지 못하는 게 아닐까. 그렇게 되면 전부인의 자녀를 지켜 줄 사람이 없다' 는 생각에 걱정이 되었다. 아내를 신뢰하고 있지만 자신이 이 세상에 없으면 전부인의 자녀를 내쫓거나 냉대하는 건 아닐까 하는 일말의 불안을 가지고 있었던 것이다.

왜 유언장이 필요한가?

남은 가족이 지금처럼 사이좋게 지낼 수 있도록 하기 위해 B는 유언장 작성을 하기로 했다. B가 소유하고 있는 주요 재산은 가족과 생활하는 아파트, 예금, 생명보험이었는데, 어떤 식으로 상속할지 결정하는 것이 꽤나 어려운 문제였다. 법정 비율 배분으로는 불안한 점이 있어서 B는 최종적으로 안심할 수 있는 결론을 내렸다. '아파트와 예금, 생명보험을 아내와 전부인의 자녀가 각 1/3씩 상속하고 우선은 아내가 현재 아파트에서 계속 살다가 적당한 시기를 봐서 아파트를 매각·환금(換金)해서 나누도록 한다' 는 내용이었다.

법정 비율에서는 조금 벗어나지만 심사숙고한 결과이니 아내가 이해해 줄 것이라 믿었다. 또 유언장을 집행할 때 자녀가 미성년일 경우 후견인이 필요하기 때문에 자신의 의사를 이해해 주고 있는 친누나를 후견인으로 지정해 유언장을 완성시켰다.

나중에 태어난 아이는 어머니가 지켜 줄 수 있지만 전부인의 자녀들에게는 의지할 수 있는 부모가 없다는 것을 배려한 유언장의 내용이었다. B는 여기에 이르기까지 몇 번이나 문구를 고쳐 썼다. 아내를 사랑하는 마음과 전부인의 자녀를 사랑하는 마음이 모두 지극했다. 자기 자신과의 갈등이 있었던 만큼, 정식으로 마련한 공정증서 유언이 완성되었을 때 B는 비로소 안도의 표정을 보였다.

○ 사례연구 3 〈사실혼〉 공동 명의 아파트

의뢰인 : C 씨(회사원, 내연의 남편과 생활, 자녀는 없음)
피상속인 : 내연의 남편
상속인 : 남편의 아버지

사실혼으로 불편함은 없었다. 그러나……

C 씨 부부는 40대였다. 그들이 아파트를 구입하여 동거를 시작한 지는 벌써 10년이 되었다. 거품 경제가 지나가는 시기여서 부동산 가격이 고점기 때보다는 적당한 것 같다는 판단에 각자 저축해 둔 돈을 반씩 부담하여 집을 샀다. 대출금은 각자 빌렸다. 두 사람 모두 결혼이나 이혼 경력이 없어 혼인신고를 하지 못할 사정은 없지만 자녀가 없었던

탓에 굳이 혼인신고를 하지 않았다. 직장생활과 일상생활을 하는 중에는 큰 문제나 불편함이 없었다. 그런데 혼인신고를 하지 않아 문제가 된 것은 남편의 갑작스러운 사망으로 상속 수속을 할 때였다.

남편은 건설 관계의 영업사원으로 나이는 42세였다. 그는 한창 일할 나이에 건강검진에서 암이 발견되었다. 재검사를 했을 때는 몇 달밖에 살지 못할 것임을 알았다. 그는 의사가 선고한 기간만큼 입원해 있다가 세상을 떠났다. 장례식은 시아버지가 도맡아서 식구들끼리 간단하게 끝냈으나 그 다음 수속이 힘들었다. 비록 동거하고 있었다고는 하나 혼인신고를 하지 않았기에 법률상으로는 타인에 불과했다. 자신이 살고 있는 아파트 절반의 명의를 상속할 권리가 없었던 것이다.

왜 유언장이 필요한가?

혼인신고를 하지 않은 아내는 상속인이 될 수 없고, 자녀도 없는 남편의 상속인은 시부모가 되며, 시부모가 돌아가셨을 경우는 남편의 형제자매가 된다. 이 경우 시어머니가 돌아가셨기에 시아버지가 상속인이 된다.

유언장으로 '증여한다' 고 해 두면 아파트 명의는 바꿀 수 있지만 상속인이 유류분 청구를 할 수 있기에 여전히 불안하다. 우선 시아버지가 상속해서 명의 변경을 한 후 C에게 유증, 증여, 매매 중 한 방법으로 권리를 양도하는 게 좋다. 시아버지에게 공정증서 유언을 작성해 달라고 해서 유증을 받는 것이 금전적인 부담이 제일 적은 방법이다. 그러나 남편에게는 여동생이 있기에 유증을 받을 경우 마찰이 생길 수 있었다. 자그마한 불안 요소라도 남기지 않는 게 최선이기에 결국은 시아버지의 권리를 C가 매입하게 되었다.

상속 상담

혼인신고 없는 부부가 주목을 받기 시작한 지는 오래 되었지만 이런 현실적인 문제가 있다는 것은 직접 겪어 보지 않으면 알 수 없다. 다행히 상속인이 된 시아버지가 이해심이 있는 너그러운 분이어서 어떤 권리도 주장하지 않고 전면적으로 협력을 얻을 수 있었다. 온화한 C의 인품도 긍정적으로 작용했고 지금까지의 인간 관계도 나쁘지 않아 일이 무난하게 처리 되었다.

또한 남편이 빌린 대출금은 생명보험으로 상쇄되었기 때문에 C에게 부담은 없었다. 앞으로 긴 인생이 남아 있기에 C에게 자신이 살 곳을 확보할 수 있었다는 것은 참으로 안도할 만한 일이다.

〈본가〉 형과 형수의 가족

의뢰인 : D 씨(회사원)
피상속인 : 아버지(어머니는 고인)
상속인 : 장남, 차남, 삼남(의뢰인), 합계 3명

형을 믿고 도장을 찍었다. 그런데…

D는 삼형제 중 막내이다. 그는 얼마 전 아버지가 돌아가셔서 본가에 다녀왔다. 어머니가 돌아가신 지는 10년도 더 지났다. 아버지는 회사를 창업해 40년 이상 경영했다. 다행히 할아버지로부터 물려받은 토지가 국도변에 1,650㎡(500평)나 되었기에 이 땅에 집과 회사 건물을 지을 수 있었다. 남은 토지 절반에는 임대 점포 두 채를 지어 임대 수입을

올렸다.

　현재는 큰형이 아버지의 뒤를 이어 회사의 대표로 있다. 작은형과 D
는 각각 상장기업에 취직해 본가를 떠났다. 돌아가신 아버지는 유언장
을 남기지 않아 아들 셋이서 상속재산분할 협의를 해야 했다. 작은형
과 D는 본가를 승계하는 큰형이 대부분의 재산을 상속하는 것에 이의
는 없지만 그 대신 조건을 내걸었다. 그들의 조건은 형수와 관련된 문
제였다.

　형은 초혼이지만 형수는 재혼으로 전남편과의 사이에 세 명의 자녀
가 있었다. 형이 결혼할 때 형수의 세 자녀는 전남편이 맡았기 때문에
형이 키우지 않아도 된다고 했다. 그런데 최근에 형수의 전남편이 죽
어 세 자녀가 어머니를 의지하여 형 부부와 함께 살게 되었다. 또한 형
수의 형제자매가 자기 집인 양 본가에 드나들고 있어, 이를 거의 매일
보고 있던 근처 친척들이 조심하라고 주의를 줄 정도였다. 이 같은 일
로 인해 형이 사망했을 때는 부동산을 형수 명의로 하지 않고 D집안을
유지하기 위해 작은형이나 D의 명의로 이전하겠다는 약속을 해 줬으
면 좋겠다고 얘기했다. 형 부부도 양해한다고 말했기에 동생들은 형
부부가 이 조건을 문서화 해 주기를 바랐다.

　아버지 장례식 날 형으로부터 도장과 인감증명을 가져오라는 얘기
를 듣고 동생들은 장례식이 끝난 다음 법무사한테 가서 서류에 서명하
고 도장을 찍었다. 그러나 아직 각서를 받지 못했다. D는 형을 신뢰하
고 있었지만 형이 일을 추진하는 방식이 너무 치밀한 데다가 아버지의
예금과 부채를 가르쳐 주지 않는다는 데에는 불만을 감추기 힘들었다.

왜 유언장이 필요한가?

형이 아내의 전남편 자녀들 입양을 검토하는 것으로 보여, 형제의 상속권이 없어질 가능성이 높았다. D는 형이 하라는 대로 서류에 인감도장을 찍었는데, 이것은 부동산을 포기하겠다는 내용으로 짐작할 수 있었다. 이미 명의도 아버지에서 형으로 변경했을 것으로 보여졌다.

상속 상담

아무리 형한테 각서를 받아도 법적인 효력은 없기 때문에 가능하면 소유권 이전 가등기를 하는 게 좋다. 형에게 친자녀가 없어 형수가 데리고 온 세 자녀를 입양해 버리면 형수와 세 자녀가 상속권을 가지므로 토지를 보전하는 의미에서도 가등기를 해 두는 것이 좋다.

〈동거〉 부모의 부동산에 자녀들과
그 가족이 살고 있다

의뢰인 : E 씨(회사원, 미혼, 자녀 없음)
피상속인 : 아버지
상속인 : 배우자(어머니), 장남, 차남, 삼남(의뢰인), 사남, 장녀, 차녀, 오남, 합계 8명

여섯 자녀의 가족들이 아버지의 부동산에서 살고 있다

E의 아버지는 대지주인 본가로부터 분가하면서 할아버지로부터 막대한 밭을 물려받았다. 밭이니 농지라고 할 수 있지만 경작하고 있는 것은 일부이고 지금은 대부분이 택지가 되었다. 간선도로에 면해 입지도 좋았다. E의 아버지는 일부 소유지에서 상점을 경영해 왔는데 현재

는 큰형이 뒤를 잇고 있었다. 토지는 자택을 포함해서 한 곳에 모여 있고 임대용 다가구 주택도 같은 부지에 있었다. 얼마 전에 아버지가 세상을 떠나 상속 수속을 해야 했는데, E에게는 형제자매가 일곱 명이나 되었다.

아버지의 주요 재산인 토지는 합하면 3,300㎡(1,000평) 가까이 되었다. 한 군데는 아버지의 대를 이어 큰형이 경영하는 상점으로 이용되고, 두 번째 장소는 맞은편 토지의 안쪽 깊이 지은 자택이었다. 세 번째는 그 부지의 절반을 차지하고 지은 임대용 다가구 주택이었다. 네 번째 장소인 자택 앞 부지에는 작은형이 부친의 땅을 빌려 집을 지었다.

아버지는 자녀들이 본가 옆에서 생활하기를 바라는 마음이 있었기에 자녀 일곱 명 중 장남가족, 장녀가족, 독신인 삼남, 사남, 오남 이렇게 다섯 명이 부친의 임대용 다가구 주택에 살았다. 멀리 떨어진 곳에 사는 자녀는 차녀 가족뿐이었다.

아버지는 유언을 남기지 않았기에 상속재산분할 협의를 해야 했다. 임대용 다가구 주택에 자녀 다섯 명이 생활하고 있는 상황에서 누가 임대용 다가구 주택을 상속할지는 꽤나 복잡한 문제였다. 2차 상속까지 생각하면 더욱 복잡했다. 게다가 큰형이 다가구 주택에 살고 있기에 삼남인 E의 입장에서 보면 큰형이 양쪽의 권리를 주장할 것이라고 생각되었다.

칠남매 중 아들 셋이 독신이기 때문에 부모 입장에서는 모두 가까이 살면 좋겠다는 바람을 갖고 있었다. 그것이 나중에 문제가 될 줄은 몰랐을 것이다. 편하게 생각하면 임대용 다가구 주택을 어머니에게 상속하고 다른 문제는 일단 보류해 둘 수도 있지만 언젠가는 방향을 정해야만 하기에 해결 방안을 마련해야 했다. 어쨌든 임대 수입도 있고 세대수도 많기 때문에 누가 상속할지는 참으로 어려운 선택이었다.

왜 유언장이 필요한가

하나의 부동산을 여러 사람이 사용하고 있는 경우 재산분할이 복잡하다. 예금이 있으면 대표로 한 사람이 상속하고 다른 사람에게는 보상금을 지불하는 방법이 있을 수 있지만 그런 경우는 흔치 않다. 균형 있게 방향성을 갖고 지정해 두지 않으면 감정적인 트러블이 발생할 확률이 높은 것이다.

상속 상담

E의 가족은 사이가 좋은 편이라 다투지는 않았다. 그러나 상속재산분할의 선택 방법이 몇 가지 없고 상속인이 많으면 균형을 유지하기가 어렵다. 이 경우 부모의 생각이 담긴 유언을 문서로 남겨 두지 않으면 설득할 만한 자료가 없다고 할 수 있다. 형제자매가 동등한 입장에서의 분할을 요구하다 보면 오히려 해결이 어렵다. 수익이 있는 임대용 다가구 주택의 경우 최종적인 소유자의 기준을 정하고 형제자매가 공유해 수익을 올리면서 운영하는 형태가 가능한데, 그 과정이 결코 쉽지 않은 것이다.

사례연구 6 　〈동족회사〉* 주식을 둘러싼 동생과의 대립

의뢰인 : F 씨(회사원, 아내, 자녀)
피상속인: 아버지
상속 예정자 : 배우자, 장남, 차남(의뢰인), 삼남, 합계 4명

동족회사의 주식을 둘러싸고 남동생과 대립

F와 남동생은 각각 아버지가 창업한 두 회사의 대표이다. 현역을 떠

● 동족회사는 친족 등의 특수 관계자가 주식이나 지분의 대부분을 가지고 운영하는 회
사를 말하는 것으로 일종의 폐쇄형 가족회사이다. 우리나라의 경우 상장회사를 제외
한 대부분의 회사가 이와 같은 형태이다. 법률상으로 사용되는 용어는 아니나 실무적
으로는 가끔씩 사용되고 있다.

난 아버지는 어머니와 함께 두 회사의 지주회사도 설립했다. 지주회사의 주식은 부모뿐만 아니라 F와 남동생도 보유한다. 또한 부모님은 설립 당시부터 소유해 온 두 회사의 주식도 보유하고 있다.

의뢰인 F가 경영하는 회사는 동생(삼남)이 경영하는 회사보다 나중에 설립되었기 때문에 동생의 회사가 매출과 조직적인 규모면에서 약 다섯 배로 더 안정되었다. 아버지는 상속에 대비해 공정증서 유언을 작성했다. 내용이 궁금해진 F가 어머니에게 여쭤보니 '지주회사의 주식은 배우자(어머니)에게, 두 회사의 주식은 각각 경영하는 자녀에게' 상속하기로 기재되었다고 했다. 그렇다면 특별히 문제가 없기에 F는 안심하고 있었다. 그런데 어느 날 동생이 아무 의논도 없이 지주회사의 대표를 어머니에서 자기 명의로 바꾸고 등기까지 마친 후, F에게 임원을 사임하라고 강요하기 시작했다.

몇 년 전 부모가 양로원에 들어간 것을 계기로 동생 가족은 본가로 이사를 왔다. F는 동생이 아버지에게 유언장을 다시 작성하게 해 지주회사의 주식을 자신에게 유리하게 상속하려고 획책한게 아닐까 의심했다.

왜 유언장이 필요한가

가족이 동족회사의 주식을 서로 보유하는 것은 문제가 발생하기 쉬운 사례이다. 자신이 경영하는 동족회사라면 다른 누구보다 자신의 의사를 최대한 살릴 수 있는 형태가 바람직하다. 그런데 F의 경우는 부모님과 자녀, 총 네 명이 세 개의 동족회사 주식을 서로 보유하고 있어 균형 잡기가 어려운 상황이다. 늦어도 상속 당시에 정리하여 서로 경영을 침해하지 않도록 하는 게 중요하다.

아버지뿐 아니라 어머니의 경우도 문제가 될 수 있기에 부모 자식 간에 의논해서 결정해 둘 필요가 있다. 상속이 완료될 때까지 서로 의심만 키우게 되어 상황이 안정이 되지 않을 테니 생전에 의논한 내용을 토대로 부모님으로부터 주식을 매입하고 지주회사도 청산해서 자신이 운영하는 회사만 탄탄하게 소유하는 것이 가장 좋다.

상속상담

부모의 회사를 물려받는 것은 부모와 자녀 모두에게 좋은 일이라고 생각하지만, 자녀가 여러 명 있고 각자의 생각이 다르면 그 과정이 쉽지 않다. F가 처한 상황에도 적지 않은 문제가 있다. 경영에 참가하지 않고 주식도 소유하고 있지 않은 장남이 유언장으로 보면 재산 분배를 받을 수 없었다. 부모 입장에서는 후계자가 될 자녀에게는 재산을 남겨 주고 집을 떠난 자녀에게는 남겨 주지 않겠다는 심정이겠지만, 장남이 유류분을 청구할 권리를 갖고 있기 때문에 부모가 지나치게 한쪽으로 치우치면 갈등을 빚을 수 있다.

여러 가지 속셈들이 얽혀 있으면 유언장만으로는 상속 문제가 해결되지 않는다. 이 경우 기본 유언을 토대로 가족끼리 의논하는 자리를 마련하여 상속자 전원이 납득할 수 있는 유언장을 다시 만드는 게 좋다. 또한 자식에게 회사를 물려주는 것도 좋지만 주식의 보유 문제는 분쟁으로 비화되지 않게 배려해야 한다.

 〈1인 거주〉 자녀에게 재산을 남길 생각이 없다

의뢰인 : G 씨(부동산 임대업, 일인 거주, 남편은 고인)
상속 예정자 : 장녀, 차녀, 삼녀, 장남, 합계 4명

자녀에게 현금을 남길 생각이 없다

G는 남편이 먼저 세상을 떠나고 현재 혼자 살고 있다. 자녀는 딸 셋에 아들 하나로 사남매 모두 결혼하여 가정을 꾸리고 있다. 남편은 부모 대부터 경영하고 있던 회사를 물려받았는데, 현재는 장남이 아버지 뒤를 이어 사장으로 취임했다. 회사의 토지와 건물은 남편도 선대로부터 상속받았지만 남편 한 사람의 명의가 아니라 남편의 형제자매, 사촌형제 등 몇 대 전부터 친족 공동소유이기에 G도 임대료를 받는 상황이었다.

장남은 회사 옆에 집을 지어 살았고 G에게도 같이 살자고 권했다. 그러나 G는 건강이 허락하는 한 장남 가족과 같이 살 생각이 없었다. 그녀는 자신의 취미인 그림을 그리거나 여행하는 데 시간과 돈을 쓰고 싶어 했다.

남편은 장남이었는데 시동생이 남편과 같은 회사에 근무했다. 이로 인해 회사를 경영하는 데 경제적으로나 정신적으로 맘고생이 끊이지 않았다. 또 남편의 상속 때는 시동생들이 나서서 참견을 했고, 대부분의 부동산을 회사의 담보로 설정해 실제로 G가 상속할 만한 가치는 없었다.

G의 명의는 현재 살고 있는 아파트와 친정아버지로부터 상속받은 대지(貸地)가 있었다. G는 거기서 나오는 임대 수입과 어느 정도의 예금이 있어 사는 데 큰 불편은 없었다. 그리고 자녀들에게 재산을 남기기보다는 여생을 자신의 즐거움을 위해 쓰고 싶어 했다.

왜 유언장이 필요한가?

G의 재산은 자택인 아파트와 친정 부모로부터 상속한 임대지로, 둘 다 자녀들에게는 없어도 아쉬울 것 없는 부동산이었다. 사실 부동산 두 군데를 넷이서 상속하는 게 더 어렵다 할 수 있었다. 상속 시의 유산 분할을 생각하면 임대지는 지금부터 매각해서 현금으로 두는 것이 나았다. 자녀들이 토지를 공유하는 것은 바람직하지 않았다. 그러나 현재의 임차료 수입이 자금적인 여유가 있어 좋다고 할 경우는 상속 시 두 부동산을 자녀들이 매각하여 현금화 한다는 내용의 유언장을 작성해 둔다면 문제가 없을 것이다.

G의 말에 의하면 사남매에게는 충분한 교육비를 들여 교육을 시켰으므로 자신이 세상을 떠났을 때 예금이 남아 있지 않아도 납득할 것이라고 했다. 함께 방문한 딸도 이를 이해하고 있었다.

G의 이야기를 들어 보니 재물을 남기는 것만큼 인생을 즐기는 삶을 보여 주는 것도 중요하다고 느껴졌다. 다만 딸의 경우는 '아버지 상속 때 재산 내용을 공개하지 않았던 게 못내 마음에 걸리고, 아직 끝나지 않은 듯한 기분이 들어서 어머니 때는 정확하게 공개하면 좋겠다' 는 생각을 털어 놓았다.

 〈자녀의 의도〉 장남과 시집간 딸의 의도가 다르다

의뢰인 : H 씨(임대업, 아내는 고인, 아들 부부와 동거)
상속 예정자 : 장남, 장녀, 합계 2명

70세가 되었으니 상속 준비를 해 두고 싶다

H는 농가의 장남으로 태어났다. 옛날에는 주변이 모두 농가였지만 구획 정리가 시작되고부터는 감보(減步, 토지구획정리에서 정리 후의 면적이 줄어드는 것 - 옮긴이) 당했고 또한 토지를 매각한 적도 있어서 면적이 상당히 줄어들었다. 어쨌든 입지가 좋은 장소에 토지를 소유하고 있는 덕택에 30여 년 전부터 병원에 토지를 대여하고 셋집도 지어 임대 사업을 했다. 또 10년 전부터는 장남이 소유지의 일부를 이용하여

음식점 경영을 시작했다. 이곳도 역에 가까워서 순조롭게 운영되고 있었다. H는 60세가 되면서부터 재산을 조금씩 장남에게 넘기고 싶은 생각이 들었다. 장남은 음식점을 경영하면서 상속 대비도 하고 있는지 관련 세미나와 개별 상담을 받으러 다닌다고 했다. H는 올해로 70세가 되었다. 아내가 먼저 세상을 떠났기 때문에 배우자 상속공제를 받을 수 없다고 하자, 본격적으로 상속 준비를 해 두고 싶은 마음에 장남과 함께 상담 의뢰를 했다.

H는 부채가 없기 때문에 상속세가 부과된다는 것을 알고 절세 대책을 세웠다. 그렇지만 절세 대책을 취할 여지가 별로 없었다. 때문에 유언장 작성이 절세보다 시급한 문제였다.

왜 유언장이 필요한가?

H는 장녀에게 셋집의 일부를 상속하고 나머지를 장남에게 상속하고 싶어 했다. 비율로 따지면 장녀가 20%, 장남이 80%가 되었다. 법정 비율은 남매가 절반씩인데 설득 근거로서 비율이 다른 이유를 문서로 밝혀 놓지 않으면, 장녀가 납득하지 않아 분할 협의가 해결되지 않을 수도 있으므로 이를 위한 유언장이 필요했다. H는 동기 사이에 불화가 생기지 않도록 유언장을 만들고 싶었다. 동석한 장남은 동의했기 때문에 장녀에게 얘기할 필요가 있었다.

상속 상담

H의 장남은 가능한 대책은 모두 해 두는 게 좋겠다는 의견이었다. H는 유언장을 작성하고 싶은 마음이 확고해지면서 원고도 작성하고 일

정도 협의했다. 장녀에게도 내용을 일부 알려 주고 싶어 얘기를 했더니, 장녀는 토지를 더 물려받고 싶다고 했다. H는 원래 스스로 움직이는 성격이 아니어서 장녀가 반발하자 모든 게 귀찮아진 듯했다. 그리하여 유언장 작성은 조금 시간을 두고 하게 되었다.

생전에도 이런 상황이라면 H가 유언장 없이 세상을 떠날 경우 남매의 갈등은 피할 수 없을 것이다. 장남은 생전에 H의 의사를 주장할 것이고, 장녀는 등분(等分)의 주장으로 물러나지 않을 가능성이 있어 보인다. 필요 이상으로 분쟁을 만들지 않기 위해서는 재산을 남길 때 명확한 기준을 세우고 이를 지키는 것이 좋다.

〈부모의 희망〉 장남보다 삼남에게 의탁하고 싶다

의뢰인 : I 씨(회사 경영, 남편과 유료 양로원에 입주)
상속 예정자 : 배우자, 장남, 차남, 삼남, 합계 4명

회사를 아들들에게 맡겼지만……

I는 회사원이었던 남편과 함께 의료품 판매 회사를 설립하여 40년도 넘게 일했다. I가 매입과 경리를 담당하고 남편이 판매를 담당해 회사를 운영했다. 다행히 회사는 순조롭게 성장하여 빌딩도 몇 군데 소유하였다. 매출은 점점 안정되어 회사 운영은 퍽 성공적이었다. I는 일을 하면서 세 아들을 길렀고, 세 아들 모두 아버지 회사에 입사했다. I의 남편은 이것이 더없는 자랑이었다.

I 씨 부부는 함께 70대가 되었을 때 나란히 간부직을 사임하고 회사를 퇴직했다. 이제는 적당히 자녀에게 맡기고 싶어 장남에게 대표직을 물려주고 세대교체를 했다. 장남은 회사 주식도 자신이 소유하고 싶다고 했지만 I에게는 흔쾌히 승낙할 수 없는 불안 요소가 있었다. 차남은 몇 년 전부터 독립해서 다른 회사를 설립해 이미 궤도에 올라 있었다. 문제는 장남과 삼남인데 둘은 성격이 판이하게 달랐다. 장남은 운영을 제 마음대로 하고 싶었는지, 사소한 일을 트집 잡아 삼남을 그만두게 했다. 차남은 독립해서도 장남의 회사와 거래를 하고 있지만 장남은 삼남을 도와주려고 하지 않았다. I는 이 같은 상황이 불안해 상속 상담을 필요로 했다.

왜 유언장이 필요한가?

장남은 독신이고 차남은 결혼했지만 자녀가 없었다. 장남은 부모님을 봉양하려는 마음도 없었다. 이 같은 의사를 이미 알아챈 I 씨 부부는 정년을 계기로 자택을 장남에게 맡기고 유료 양로원에 들어가 생활했다. I 씨 부부는 상속에 대한 자신들의 의지를 정확하게 밝혀 두지 않으면 장남이 마음대로 하지 않을까 불안했다. 앞날을 생각해보니 I 집안의 장래를 의탁할 수 있는 것은 삼남밖에 없었다.

I에게 본인의 의사를 명확하게 해서 회사의 주식과 부동산을 상속할 사람을 정한 다음에 공정증서 유언을 작성할 것을 권했다. 부모의 입장에서 결정해 놓지 않으면 자녀들끼리는 결코 순조롭게 해결되지 않기 때문이었다.

상속 상담

형제라도 한 회사를 같이 경영한다는 것은 쉬운 일이 아니다. 서로에게 도움이 되지 않는다면 각자가 독립된 회사를 운영하는 것이 더 바람직하다. 창업한 부모님의 기반이 있어 감사하다는 마음으로 형제가 사이좋게 지낼 수 있다면 참 다행일 것이다. 부모가 원하는 바가 그런 모습일 것이고 그렇게만 된다면 아무런 불안이 없겠지만, 그렇게 부모 뜻대로 되는 경우가 흔치 않다.

I는 이미 자식들 간의 불협화음을 느끼고 있었다. I가 상속 준비를 하지 않는다면 심각한 문제가 될 가능성이 있었다. 그렇다고 살아 있는 동안 증여하기보다는 끝까지 부모의 의사를 작용할 여지를 남겨 두는 것이 필요했다. 부모의 소유를 유지하면서 자녀들의 모습을 지켜보는 것이다.

사례연구 10 〈사용대차〉 언니 명의의 땅

의뢰인 : J 씨(남편 · 자녀 1명과 본가에서 어머니와 동거)
피상속인 : 언니
상속인 : 언니의 남편, 자녀, 합계 2명

건물은 아버지 명의인데 땅은 언니 명의

J의 아버지는 자신의 명의로 된 자택이 노후하여 다시 지었다. 벌써 20년 전의 일이다. 건물은 아버지 명의로 되어 있는데 웬일인지 땅은 장녀에게 증여했다. 그 후 장녀와 삼녀는 결혼하여 집을 떠났기 때문에 J 씨 가족이 부모님과 같이 살았다. 아버지가 돌아가셨을 때 같이 사는 J가 어머니를 봉양하겠다는 조건으로 언니, 여동생의 동의하에

건물을 상속받았다. 그러나 땅은 계속 언니 명의였다. 그 후 10년 이상
이 지나 자매들이 60대에 접어드니 자녀 세대에 문제가 될 것 같았다.
J는 언니에게 땅의 명의를 변경해 달라고 요청했다.

땅은 원래 아버지의 것이지 언니가 구입한 것이 아니기에 당연히 변
경해 줄 것이라고 대수롭지 않게 생각했다. 그런데 이 일로 언니와 감
정에 불화가 생겼다. 처음에 언니는 J에게 증여한다고 했다가, 다음에
는 엄마와 여동생을 포함한 세 사람의 공동명의가 아니면 응하지 않겠
다고 말을 바꿨다. 게다가 J의 명의로는 해주고 싶지 않다는 말까지 나
왔다.

같이 사는 어머니와 공동명의로 하는 건 크게 상관이 없겠지만 여동
생 명의를 넣어 등기하게 되면 언니와 똑같은 일이 생겨 해결되지 않
을 수 있었다. 그래서 여동생에게는 어느 정도 보상금을 지불하고 매
입하는 것으로 양해를 얻었다. 그런데 여동생에게 돈을 주게 되면 언
니도 같은 요구를 할 것 같아 J는 고민스러웠다.

왜 유언장이 필요한가?

언니도 여동생도 집이 있어 어머니와 J가 살고 있는 집을 차지하겠
다는 마음은 아닌 것 같다. 짐작컨대 이번 일로 대화를 주고받으면서 J
의 사소한 말이나 태도가 언니의 분노를 산 것 같고, 다른 원인은 찾을
수 없었다. 언니는 J의 딸과 이야기도 잘 나누곤 했다. 이대로 두면 언
니 명의의 땅은 상속인인 언니의 남편과 자녀에게 권리가 생기고 건물
의 소유자인 J의 명의로는 할 수 없게 된다.

자매 사이에 매매나 증여의 방법도 있지만 양도세나 증여세가 과세

되어 부담스러우므로 현 상태는 그대로 유지하고 언니가 공정증서 유언을 작성해서 J나 J의 딸에게 유증한다는 내용을 기재해 주는 것이 한 방법이라 할 수 있다.

상속 상담

집안 식구일수록 사소한 말이 꼬투리가 되어 옛날 일까지 들춰지곤 한다. 그러다 보면 용서하기 어려운 감정이 되기도 한다. 사소한 계기였겠지만 그것을 가슴에 담은 채 참고 있는 것은 스트레스가 되고 서로의 가족까지 끌어들이는 충돌로 발전하게 된다.

이런 경우에는 자신들이 끌어안고 있지 말고 전문가와 상담하는 게 좋다. 문제 해결에 필요한 조언을 들어가면서 원만한 길을 찾아보는 것이다. 전문가는 법적인 절차를 지키며 비교적 객관적 시각에서 비용 부담을 줄이는 방안을 제시할 줄 안다는 것을 기억할 필요가 있다.

PART 05

유언장을 만들기 위해
알아두어야 할 사항

유언장을 만들기 위해
알아두어야 할 사항

1. 유언은 왜 필요한가?

호주상속제도가 폐지된 이후 공동상속이 되어 상속인 전원이 상속 재산분할 협의를 하게 되었다. 이 협의가 잘 되지 않으면 가정법원으로 넘어가 결정을 해야 한다. 법 개정 이후 예상대로 법률에 따라 재산을 분배하려는 움직임이 일어나 상속인의 다툼이 잇따라 불거지기 시작했다. 피상속인 입장에서는 자신들이 애써 남겨 준 재산을 둘러싸고 상속인 사이에서 일어난 분쟁이 유감스러울 것이다. 더불어 그 결말을 알 수 없으니 죽어서도 편히 잠들 수 없을 것만 같다.

자신의 사후에 상속재산분할 다툼이 일어나지 않도록 하려면, 생전에 유언장을 작성하여 상속인의 재산 분배 방법을 구체적으로 분명하게 지정해 놓을 필요가 있다. 이것이 바로 유언이 필요한 이유이고, 가족들끼리 쓸데없이 다투지 않도록 하기 위한 배려라고 할 수 있다.

2. 유언장이 꼭 필요한 경우

- 독신으로 자녀가 없어 부모나 형제자매가 상속인이 되는 경우
- 결혼했지만 자녀가 없어 배우자와 함께 부모나 형제자매가 상속인이 되는 경우
- 전부인·전남편의 자녀이나 재혼한 부인·재혼한 남편의 자녀, 인지한 혼외 자녀 등이 있는 경우
- 자녀가 먼저 사망하여 대습상속인이 있는 경우
- 혼인신고를 하지 않은 아내나 남편에게 재산을 남겨 주고 싶은 경우
- 상속인 각자에게 특정한 재산을 주고 싶거나 주고 싶지 않은 경우
- 상속인이 행방불명인 경우나 해외 거주로 수속이 복잡해지는 경우
- 이미 증여한 재산을 명확하게 해 두고 싶은 경우
- 상속권이 없는 손자나 며느리, 형제자매에게 유산을 주고 싶은 경우
- 동족회사나 개인사업자로 후계자를 지정해 두고 싶은 경우
- 생전에 신세를 진 제삼자에게 유산의 일부를 나눠 주고 싶은 경우
- 상속인 이외의 친한 사람에게 유증하거나, 절, 교회 등에 기부하고 싶은 경우

3. 유언이 아니면 할 수 없는 것

유언의 효력은 어디까지일까?

상속에 관한 사항

- 상속재산의 분할
- 상속인의 폐제 및 폐제의 취소(우리 법에는 없음)
- 생전 증여의 산정에 관한 의사 표시(우리 법에는 없음)
- 상속분 지정 또는 지정 위탁(우리 법에는 위탁 불가)
- 상속재산분할 방법의 지정 또는 지정 위탁
- 상속재산분할 금지
- 상속인끼리의 담보 책임 지정 (우리 법에는 없음)
- 유증의 감채(減債) 방법 지정(우리 법에는 없음)
- 유언집행자의 지정 또는 지정 위탁

신분에 관한 사항

- 유언에 의한 인지
- 후견인 지정 및 후견감독인 지정

재산 처분에 관한 사항

- 유증(신체, 장기, 안구 포함)
- 기부 행위
- 신탁 설정

4. 유언장에는 여러 종류가 있다

유언장의 종류

보통방식(표5-1 참조)

- 자필증서 유언 : 유언자가 모두 자필로 작성한 유언장
- 공정증서 유언 : 유언자가 구두로 말한 내용을 공증인이 문서로 작성한 유언
- 비밀증서 유언 : 유언장을 비밀 보관하기 위한 방식

특별방식

- 위급 시 유언 : 사망위급자의 유언, 선박조난자의 유언

유언장 작성 시 주의할 점(자필증서 유언 방법)

작성방법

- 워드 프로세서 · 녹음테이프는 인정되지 않는다.
- 제목을 붙인다.

- 문체, 글자체에 규정은 없다.
- 서명 : 이름과 성을 전부 정확하게 쓴다.
- 인감 : 막도장(認印)이어도 괜찮다.[**]
- 용지·필기구의 제한은 없지만 연필은 인정되지 않는다.
- 매수의 제한은 없다.
- 날짜 : ㅇ년 ㅇ월 ㅇ일까지 증서에 기입한다.
- 주소 : 생활의 근거가 되는 곳을 쓰면 된다.[***]

유언장의 보관

- 자택의 금고 등에 넣어 둔다.
- 은행의 대여금고에 맡긴다.
- 신뢰할 수 있는 사람에게 맡긴다.
- 공정증서 유언을 할 경우 원본은 공증사무소에 보관한다.

5. 유언 집행이란?

유언을 집행한다는 것은 유언자가 사망하여, 유언의 효력이 발생한 다음에 유언의 내용을 그대로 실행한다는 뜻이다.

유언집행자는 유언에서 지정된 자, 혹은 가정법원에 의해 선임된 자가 된다. 유언집행자는 상속인이나 수유자(受遺者, 유증을 받는 자)로 할 수도 있다.

- 유언장의 종류 : 우리나라의 경우 녹음 증서 유언도 가능하다. 녹음 증서는 유언자가 유언의 취지와 자신의 성명 및 해당년도와 날짜를 말하고, 증인은 유언자가 남긴 유언의 정확함과 본인 성명과 연월일시 등을 확인하여 녹음하는 방식을 말한다.
- [**] 도장 없이 지장(指章)으로 대신해도 된다.
- [***] 굳이 주민등록상의 주소일 필요는 없다.

유언(보통방식)의 특징

	자필증서 유언	공정증서 유언	비밀증서 유언
작성자	본인	공증인	본인(대필자)
쓰는장소	어디든지 가능	공증사무소	어디든지 가능
증인 · 입회인	불필요	2인 이상	공증인 1인, 증인 2인 이상
워드프로세서	불가능	가능	가능
날짜	연월일까지 기입	연월일까지 기입	연월일까지 기입
서명 · 날인	본인만 필요	본인, 증인, 공증인	본인, 증인 - 봉서(封書)에는 본인과 증인의 서명, 표시가 필요 - 유언장에는 본인의 서명, 표시가 필요
날인용 인감	인감도장 · 막도장 · 손도장 중 아무것이나 가능	본인 인감도장(인감증명서 지참), 증인	본인은 유언장에 찍은 인감. 증인은 인감도장 · 막도장 아무것이나 가능
비용	없음 (나중에 검인 비용이 든다)	작성수수료	공증인 수수료 (나중에 검인 비용이 든다)
봉입	불필요 (봉입해 두는 게 좋다)	불필요	필요
보관	본인	원본은 공증사무소 정본은 본인	본인
비고	비밀유지는 가능하나 보관이 어렵고 사후에 발견되지 않을 우려가 있다.	보관은 안심이지만 특별히 봉할 필요는 없어 내용이 알려지는 경우도 있다.	보관이 확실하고 비밀도 유지할 수 있지만, 공증인이 확인하지 않았기 때문에 내용이 완벽하지 않을 수 있다.

[표 5-1]

상담과 지원

상담과 지원

1. 공정증서 유언의 작성 순서

'분쟁 없는 상속도 재산' 임이 분명하다. 이를 위해 공정증서 유언 작성이 필요하다고 할 수 있다. 공정증서 유언은 유언자의 의사를 존중하여 이것을 활용할 수 있는 형태로 남기는 것이다. 이를 통해 공증인은 남은 가족 간에 다툼이 일어나지 않도록 유류분 문제와 납세에 관해서도 조언하고 유언장 작성의 증인까지 될 수 있다.

그럼 공정증서 유언의 작성 순서와 사례를 소개해 보도록 하겠다.

STEP 1. **무료상담** | 제일 먼저 본인과 면담하여 이야기를 듣는다. 가정과 상속인이 될 사람의 상황과 재산 내용을 듣고 상속문제를 정리하기 위한 조언을 한다.

공정증서 유언 작성이 필요하다고 생각되는 경우는 작성 순서와 필
요 서류, 대략적인 비용 등을 설명한다.

STEP 2. **의사결정** | 공정증서 유언을 작성해야겠다고 결심하고 유언 지
원을 의뢰하고 싶을 때는 의사 확인을 위해 '유언 위임장' 에 서명, 날
인을 받는다. 이 서류를 받아 놓고 실무를 시작한다.

대략적인 비용은 견적서를 작성한다.

STEP 3. **서류와 재산 내용 확인** | 【필요 서류 등】이라는 항목(P. 142)에 기재
되어 있는 서류를 준비해야 한다. 서류가 갖추어지면 받아서 확인을
한다.

앞날에 대비해 재산을 확인하고 평가해서, 상속세 신고가 필요한지
아닌지 판단한다.

STEP 4. **원고 작성** | 공정증서 유언의 내용에 관해 본인이 메모한 것을 받
는다. 또는 상담자가 의사를 듣고 정리한다. 본인의 마음을 존중하고
가족의 상황을 고려한 다음, 어떤 유언 내용이 좋을지 제안하고 조언
한다.

STEP 5. **공증인의 서류 확인과 원고 작성** | 상속상담자가 유언 내용을 정리
하고, '공증사무소' 의 공증인과 논의를 한다. 받은 서류를 공증인에게
건네면 공증인이 공정증서 유언 원고를 작성해 준다. 공증인과의 서류
확인, 원고 작성 등은 상속상담자가 본인을 대행하여 실시한다.

본인이 입원하고 있는 경우나 고령으로 외출이 곤란한 경우는, 공증인과 증인이 병원이나 자택으로 출장 가서 공정증서 유언을 작성할 수 있다.

STEP 6. **원고 확인과 비용의 확정** | 공증인이 작성한 공정증서 유언의 원고를 우편송부 또는 팩스로 보내고, 본인이 내용을 확인한다. 내용 정정이나 변경이 없으면 그 내용으로 준비한다.

원고가 최종 확인되었을 때 유언장 작성 비용이 확정된다.

STEP 7. **작성 일시의 확정** | 본인의 희망 일자를 확인하고 공증인, 증인의 형편에 맞춰 공정증서 유언의 작성 일시를 결정한다. 소요시간은 30분 정도 예상하면 된다.

희망이나 상황에 따라 공증사무소로 나올지 공증인과 증인이 출장을 갈지 결정하도록 한다.

STEP 8. **유언 작성일과 유언장 완성** | 공증인이 공정증서 유언의 내용을 소리 내어 읽고 최종적으로 본인의 의사를 확인한다. 본인의 의사가 확인된 다음 공정증서 유언에 서명을 하고 인감도장을 찍는다.

증인 두 명도 그 자리에 입회한 다음, 마찬가지로 서명, 날인한다.

공정증서 유언은 원본, 정본, 등본 세 통이 작성된다. 원본은 공증사무소에서 20년 이상 보관된다. 정본은 유언 집행 시에 사용하는 것으로 본인이나 유언집행자가 보관한다. 등본은 사본으로 증인이 보관한다.

 비용의 지불 | 공정증서 유언의 작성 비용은 유언장 작성이 종료된 후 지불한다.

필요 서류 등

- 유언자의 〈인감증명서〉(작성일로부터 3개월 이내에 취득한 것), 인감도장, 신분증
- 〈주민등록등본〉과 가족관계 증명 서류(1개월 이내)
- 〈고정자산평가증명서〉 혹은 납부서 사본
- 부동산 〈등기부등본〉, 〈토지 공시지가 확인원〉
- 예금, 주식, 유가증권 등 동산 관련 서류 (〈통장 사본〉, 〈자동차 등록증〉 등)
- 유언장 내용 원고(정리되어 있지 않은 경우는 구두로 알려주면 된다)

※ 서류는 사전에 받는다.

※ 상황에 따라 다른 서류가 필요한 경우에는 별도로 알려드린다.

유언 작성 당일 필요한 것

- 유언자 본인의 인감증명
- 유언 작성 비용

※ 건강 상태나 상황에 따라 나올 수 없는 경우 공증인과 증인이 자택이나 병원을 방문한다.

2. 유언 상담의 사례연구

사례연구 1　독신의 경우

의뢰인 : A씨, 여동생
상속인 예정자 : 언니, 여동생, 합계 2명

부모의 상속으로 언니를 믿을 수 없게 되었다

A는 세 자매 중 차녀이다. A의 언니는 결혼했고, 여동생과 A는 부모를 봉양하며 같이 살았다. 언니 부부는 자녀 셋을 두었는데 언니가 직장에 계속 다니고 싶어, 첫 조카가 태어난 후부터 같은 부지 안에 집을 짓고 살았다. A는 집에서도 일할 수 있는 직업을 갖고 있어서 부모님이 A를 의지했고 조카들도 친부모 이상으로 돌봤다. 조카들과 부모를

보살피며 살다 보니 A도 본가를 떠나기 어렵게 되었다.

어머니가 돌아가셨을 때 언니가 상속 수속을 한다고 해서 맡겼다. 그런데 언니는 금액이 얼마나 되는지 상세한 설명을 해 주지 않았다. 나중에 보니 예금이 모두 언니 명의로 변경되었다. 이 사실을 알고 언니에게 따지자, 언니도 양심에 찔리는 게 있었는지 모든 것을 공평하게 나누겠다고 했다. 한 번 이런 일을 겪고 나자 A와 여동생은 언니를 믿을 수 없게 되었다. 그 후 아버지가 돌아가셨는데 이번에도 언니가 자기 마음대로 하는 게 아닐까 싶은 생각에 미리 대비를 하고자 했다.

아버지의 재산은 자택의 토지 건물이 대부분이지만 상속세 신고가 필요한 금액이었다. A가 자매끼리 대화를 하고 싶지 않다고 해서 상담인이 대화 창구가 되어 수속을 진행했다. 이전의 경위를 배려해서인지 언니도 A의 마음을 먼저 헤아리고 싶다고 했다.

유산 내역을 살펴보니 자택의 토지를 어떻게 나누느냐가 첫 번째 과제였다. 언니의 의견은 토지 한 필지를 셋이서 공유하고 A와 여동생이 사는 집은 두 사람 명의로 하면 어떻겠느냐는 것이었다. 그러나 공유는 문제가 많기 때문에 용도에 맞게 필지를 나눌 것을 제안했다. A도 언니와의 토지 공유는 피하고 싶어 했다. 그래서 토지는 측량하여 절반을 언니에게, 절반을 A와 여동생이 공유하는 것으로 정했다. 예금도 법정 비율로 나누어 원만하게 상속 수속을 마쳤다.

아버지의 상속 수속은 마쳤지만 언니에 대한 A의 불신은 완전히 가시지 않았다. A와 여동생은 나중에라도 자신들의 재산을 언니에게 주고 싶은 마음이 없어졌다. 그래서 부동산 등기가 끝났을 때 A와 여동생은 둘이서 유언서를 만들 결심을 하고 어느 한 쪽이 죽으면 언니에게는 상속하지 않고 남은 한 쪽에게 상속한다는 공정증서 유언을 작성했다.

상속 상담

A와 여동생은 같은 부지에 살면서 누구보다 가장 의지해야 할 언니를 더 이상 의지할 수 없다는 생각이 들었다. 그런데 감정의 골이 메워지지도 않은 채 아버지의 재산 상속을 해야 하는 국면을 맞이하고 말았다.

두 자매는 자신들의 권리를 보전하고 심리적인 안정을 위해 토지의 분필과 공정증서 유언이 필요하다고 판단했다. 두 사람은 유언장을 작성하고 이제 한시름 놓았다며 매우 흐뭇해 했다. 상속을 계기로 앞으로 남은 인생을 재점검해 볼 수 있었던 것 또한 매우 다행스럽게 여겼다.

공정증서 유언　　사례연구 1.

유 언 장

유언자 A는 아래와 같이 유언한다.

제1조 유언자는 유언자의 여동생에게, 부동산(토지·건물)과 현금, 예금, 공사채 및 주식 등 유언자가 소유한 모든 재산을 상속합니다. 여동생이 유언자보다 먼저 사망했을 경우는 부동산을 유언자의 조카에게 유증합니다.
금융자산에 관해서는 유언자의 조카들에게 똑같이 유증합니다.

제2조 유언자는 이 유언집행자로 여동생을 지정합니다.
여동생이 유언자보다 먼저 사망했을 경우는 전기(前記) 조카를 유
언집행자로 지정합니다.

부언사항
언니는 나중에 부모님을 봉양하겠다고 약속하고 집을 지었는데 두
분 모두 봉양하지 않았습니다. 저와 여동생도 언니를 의지할 수는
없다고 생각하고, 여동생과 둘이서 서로 도울 것을 결의하기에 이
르렀습니다. 따라서 재산도 언니가 아니라 여동생에게 상속하고
여동생이 사망한 다음에는 조카들에게 유증하기로 했습니다.

20○○년 ○월 ○일
유언자 A

사례연구 2 남편이 인지한 혼외 자녀에게 재산을 주고 싶지 않은 경우

의뢰인 : B 씨(아내, 독신인 장남과 동거)
상속인 예정자 : 배우자, 장녀, 차녀, 장남, 인지한 혼외 자녀, 합계 5명

인지한 혼외 자녀가 있는 것이 최대의 과제

B는 몇 대째 내려오는 자산가이다. 원래 대지주였던 가문의 내력도 있지만 장사로도 성공한 지역의 유지였다. 그런데 B가 중병으로 쓰러져 입원과 퇴원을 반복하기 시작했다. 다행히 수술이 성공했는데, 얼마 후 다른 병이 생기고 말았다. B의 아내는 상속 문제를 대비해 상담을 의뢰했다.

B에게 가족관계를 물었더니 난감하게도 남편에게 '인지한 혼외 자

녀’가 있다는 것이었다. 그러나 B의 아내는 그 자녀를 만난 적도 없으니 어떻게 대처해야 좋을지 모르겠다고 했다. 그녀는 남편이 혼외 자녀의 어머니에게 이미 집과 돈을 증여했다고 여기고 있었다. 때문에 더욱 용납하기 어려운 감정이었다. 이렇게 되면 상속재산분할 협의가 쉽게 진행되기는 어려웠다. 아무래도 B가 공정증서 유언장을 작성하는 것이 가장 훌륭한 대비책이 될 것 같았다.

B는 유언장에 어떻게 쓸지를 아직 정리하지 못한 상황이었다. 그래서 본인에게 재산 분배에 대한 생각을 묻고 재산을 확인했다. 재산 규모와 실제 평가액과 상속세 예상치를 모르면 구체적인 안이 나오지 않기 때문이었다. B에게 물어보니 인지한 자녀에게는 이미 부분적으로 재산을 준 게 있었다. B는 그 정도 지원으로 이미 충분하다고 생각하고 있었다. B는 아내와 가문을 이을 장남에게 부동산을 비롯하여 재산의 대부분을 물려주고 싶어 했다. 유언장은 그의 의견대로 작성되었다. 다행히 B의 건강 상태가 좋을 때 무사히 공정증서 유언장을 작성할 수 있었다.

더불어 B의 재산 내역 상 예금액보다 부동산이 많기에 상속세나 딸들에게 나누어 줄 보상금이 부족하다는 사실이 밝혀져 몇 가지 해결 방안을 미리 마련했다. B의 아내 입장을 물어 토지 임차인에게 토지를 매각하여 현금을 늘리기로 한 것이다. B의 아내는 이 같은 해결 방법에 크게 안도했다.

상속 상담

B의 집안은 몇 대나 이어져 온 자산가 일가로 회사도 경영하고 있었

다. 때문에 유언장 작성을 기회로 사업의 재검토까지 가능했다. 이로 인해 B 자신도 가족의 장래에 대해 다시 한번 생각할 기회를 가지게 된 것이다.

상속 문제를 남기지 않기 위해서는 본인의 결단이 필요하다. B의 아내가 행동한 것처럼 상속 받을 입장에 있는 사람이 본인에게 준비를 촉구하는 것도 중요하고, 적절한 시점에 모든 것을 정리하는 것도 중요하다. 기회가 주어졌을 때 가족이 재산과 상속 얘기를 하는 것은 서로에게 의미가 있는 일이다. B도 결단하길 잘했다며 기뻐했고 부인은 눈물을 흘리며 고마워했다. 상속과 관련된 이들이 모두 안도할 수 있게 된 것이다.

공정증서 유언   사례연구 2.

유 언 장

유언자 B는 아래와 같이 유언한다.

제1조 유언자는 유언자의 아내 및 유언자의 장남에게 부동산, 유가증권, 예금, 및 현금 등 유언자 소유의 전 재산(단, 제2조 및 제3조의 합계금을 제외한다)을 각 1/2의 비율로 상속합니다.

제2조 유언자는 유언자의 장녀에게 유언자 소유의 재산 중에서 일금〇〇〇만 엔을 상속합니다.

제3조 유언자는 유언자의 차녀에게 유언자 소유의 재산 중에서 일

금〇〇〇만 엔을 상속합니다.

제4조 제1조에서 제3조에 의해 상속 혹은 대습상속하는 자는 그 상속과 관련된 재산에 각각 부과되는 상속세를 부담하는 것으로 합니다.

제5조 유언자의 부채는 유언자의 아내와 장남이 각 1/2의 비율로 상속하는 것으로 합니다.

제6조 유언자는 유언자가 인지한 자녀 〇〇〇에 대해서는 동인을 인지할 당시 그 어머니에게 부동산을 증여했고, 추가로 상속해줄 것이 없음을 명기합니다.

제7조 유언자는 본 유언장의 집행자로 아내를 지정합니다.

부언사항

유언자는 가문의 후계자인 장남이 재산을 상속하고 지켜 줬으면 좋겠다는 마음에서 이 유언장의 내용을 남깁니다. 가문 유지를 위해 장남이 부담하는 상속세가 엄청나서 고생할 게 눈에 선합니다. 장녀와 차녀는 그런 사정을 이해하고 각자에게 부과되는 상속세에 관해서는 각자가 부담하기로 하고, 이 유언장으로 상속하는 상속분 이상의 재산을 요구하지 않을 것을 희망합니다.
또한 아내가 사망한 다음에는 아내의 상속분도 장남이 상속하여 〇〇〇가를 유지해 주기를 간절하게 희망하고 있다는 것도 기재해 둡니다.

20〇〇년 〇월 〇일

유언자 B

● 우리 법은 유류분을 배제하는 유언을 할 수 없으므로 인지한 자녀에게 직접 증여할 필요가 있다.

 노후에 자신을 보살펴 주는 자녀에게
재산을 주고 싶은 경우

의뢰인 : C 씨(남편 사망 후 독신 생활)
상속인 예정자 : 세 딸(세 딸 모두 출가하여 각자 자녀가 있다)

이제 와서 연립주택 건설이 필요한가?

C는 세 딸을 출가시킨 후부터 부부만 따로 살다가 몇 년 전 남편이
세상을 떠났다. 자택은 지방도시에 있는데, 역에서 도보로 몇 분 거리
라 입지가 좋고 토지도 대략 990㎡(300평)이나 되었다. 자택은 남편이
세상을 떠났을 때 C의 명의로 이전했다. 자택 토지의 절반은 공터여서
임대 주차장으로 활용하고 있었다.

어느 날 부동산 회사에서 주차장의 토지를 효과적으로 이용하기 위해 연립주택을 지으면 좋을 거라며, 주택업자가 만든 도면과 사업계획서를 들고 왔다. 혼자 판단하기 어려웠던 C는 친정에 들른 차녀에게 의논했다. 차녀는 자료를 보았지만 어떤 판단을 내려야 좋을지 결정하기 힘들었다. 자택의 토지가 넓다고 해서 과연 연립주택을 지어 임대 사업을 할 필요가 있는지 의문이었다. 실제 일을 벌이려면 복잡한 문제가 한두 가지가 아니었다. 게다가 자택 앞의 도로는 확장 계획이 있어 관공서가 토지의 일부를 매입할 예정이기까지 했다. 이런 상황에서는 굳이 임대 사업에 뛰어들 필요가 없었다. 그보다는 자택을 비롯한 재산을 세 딸에게 어떻게 상속할지 유언장으로 작성해, 실제 상속 때 갈등을 빚지 않도록 하는 게 더욱 중요했다.

C는 장래를 의탁할 수 있는 사람은 차녀라고 생각해, 이 기회에 공정증서 유언을 작성하겠다고 결단을 내렸다. 어머니를 봉양할 수 없다는 장녀와 삼녀에게도 유언장의 내용을 알리고 양해를 얻었다며 산뜻한 기분으로 공정증서 유언을 작성하였다.

상속 상담

돈을 빌려서까지 연립주택을 지을 필요는 없다고 알려주었을 때 C는 안도했다. 오랜 세월 정든 집을 부수고 연립주택을 세우고 싶지 않았다며, 연립주택을 짓지 않아서 다행이라고 말했다. 그리고 이를 계기로 자신을 봉양할 의사가 없는 장녀와 삼녀 대신 차녀에게 재산을 맡기고 싶다는 마음을 굳혔다. 그리고 이런 내용을 유언장으로 작성했다. 공정증서 유언이 완성되자 C는 매우 밝은 표정으로 돌아갔다.

유 언 장

유언자 C는 아래와 같이 유언한다.

제1조 유언자는 유언자가 소유한 모든 부동산을 유언자의 차녀에
게 상속합니다.

제2조 유언자는 유언자가 소유한 예금 등의 금융자산을 다음 세 명
에게 다음 비율로 상속합니다.
>　　유언자의 차녀에 대해 60%.
>　　유언자의 장녀에 대해 20%.
>　　유언자의 삼녀에 대해 20%.

제3조 유언자의 부채는 위의 비율로 부담하는 것으로 합니다.

제4조 유언자는 이 유언집행자로 차녀를 지정합니다.

부언사항

남편이 세상을 떠난 후에도 딸들과 손자가 있어서 외로움을 느낄
사이도 없이 행복한 인생이었습니다. 특히 무슨 일이 있을 때마다
정신적으로 도움이 되어 준 차녀는 마지막까지 나를 돌봐주겠다고
약속해 주었고, 또한 부동산의 형태를 유지하기 위해서라도 장녀,
삼녀보다는 차녀에게 많이 상속하기로 했습니다. 이에 관해서는
세 사람 모두 양해해 주어서 내가 죽은 다음에도 원만하게 지내기
를 바라고 있습니다.

20○○년 ○월 ○일

유언자 C

사례연구 4 · 전부인 자식보다 현재부인의 자식을 지키고 싶은 경우

의뢰인 : D 씨, 아내
상속인 예정자 : 배우자, 차남, 전부인의 장녀 · 장남, 합계 4명

이제 와서 재산을 요구하는 전부인의 자녀들

D는 전부인과의 사이에 두 자녀를 두었고 전부인과 사별한 후 현재
의 아내와 재혼하여 아들을 낳았다. 그동안 아내는 친자식뿐만 아니라
어머니를 잃은 전부인의 자식들도 키워야 했기에 상당한 마음고생을
했다. 근처에 사는 D의 누나도 전부인의 자식이 걱정이라며 자주 찾아
오곤 했다. 그 후 전부인의 장녀는 결혼했고 전부인의 장남도 독립하

여 부부와 작은 아들 셋이서 살았다. 그런데 작은 아들이 학교에서 집단따돌림을 당한 후로 집에만 틀어박혀 지내더니 30대가 된 지금도 사회생활을 제대로 하지 못하고 있었다. 최근에 전부인의 장녀가 오랜만에 찾아와 친정집은 자신이 상속받고 싶다는 요구를 했다. 아버지가 얼른 대답을 하지 못하자, 전부인의 장녀가 몇 번이나 더 아버지를 찾아왔다. 이 모습을 보고 있던 아내는 장래에 대해 불안을 느끼게 되었다. 집을 장녀에게 물려 줄 거라면 자기는 차라리 이혼을 하겠다며 아내는 D를 몰아세웠다. D는 우유부단한 태도로 일관했는데 아내는 남편의 명확한 의사를 듣고 싶어 했고, 이를 기회로 두 사람 모두 유언장을 작성하기로 결정했다. D도 전부인 장녀의 요구를 들어 줄 생각이 없기에 확실하게 대처해 두고 싶었다.

자택의 토지와 건물을 평가하니 배우자 특례를 이용할 수 있는 범위에 들었다. D가 아내에게 증여해 주는 것이 최선의 절세 방안이었다. D가 아내에게 증여해 두면 상속을 기다릴 필요도 없이 자택이 아내의 소유가 되어 작은아들이 상속받을 수 있었다. 이 제안을 납득한 D는 즉시 자택을 아내에게 증여하고 그 후 부부 모두 공정증서 유언을 작성하였다.

상속상담

아내는 전부인의 자식이 둘이나 있다는 것을 알고서 재혼했지만 자기가 낳은 자식과 전부인 자식을 같이 키우는 것은 쉽지 않았을 것이다. 어느 정도 세월이 흘러 감정이 가라앉았겠지만 자기 자식을 지키고 싶어 하는 것이 어머니로서는 당연한 감정일 수 있다.

아버지인 D에게는 세 명 모두 친자식이므로 어느 쪽이 더 소중하다고 저울질할 수 없는 심경이지만, 현재 상황과 장래를 위해 결단이 필요했다. 그리하여 남은 노후를 부부가 합심해서 원만히 지내는 방향으로 유언장을 작성했다.

현대사회가 직면하고 있는 재혼, 집단 따돌림, 니트족(NEET族, Not in Employment, Education, or Training. 학생도 직장인도 아니면서 직업훈련도 구직활동도 하지 않는 사람들 _옮긴이), 마음의 병, 황혼이혼 등 간단하게 결론을 낼 수 없는 문제를 안고 있는 가정에서 재산 문제까지 겹치면 한층 더 복잡해진다. 유언장을 통해 대비하는 게 그나마 위안 삼을 수 있는 방법이라 할 수 있다.

유 언 장

유언자 D는 아래와 같이 유언한다.

제1조(재산 상속)

1. 유언자는 유언자 소유의 예금 및 현금 등 전 재산을 유언자 현재 부인의 아들에게 상속합니다.
2. 유언자는 유언자의 전부인의 아들과 딸 두 사람에 대해서는 유언자의 재산을 상속하지 않기로 합니다.

제2조(유언집행자)

유언자는 본 유언의 집행자로 유언자의 아내를 지정합니다.
아내가 유언자보다 먼저 사망했을 경우는 그 아들을 유언집행자로
지정합니다.

부언사항

작은아들은 병을 앓고 있어 통원과 입원을 반복하며 하루하루를
보내고 있습니다. 이 아들의 생활 기반이 걱정되어 이 유언을 하게
되었습니다.

작은아들과 이복남매 사이인 두 사람에게는 유언자의 재산을 상속
하지 않기로 했는데, 두 사람에게는 예전에 일정 금액을 증여했으
므로 이것을 유류분이라고 이해하고 이 유언을 존중해 주길 바랍
니다. 두 사람이 다행히 건강하게 생활하고 있다는 것에 감사하고
있습니다.

두 사람이 남동생에 대해 깊은 애정을 가지기를 간절히 바랍니다.
동시에 두 사람을 키워 준 어머니에 대해 평생 감사하는 마음을 잊
지 말아주기를 바랍니다.

20○○년 ○월 ○일

유언자 D

사례연구 5 상속인이 해외 거주로 수속이 복잡해지는 경우

의뢰인 : E 씨(남편 사망 후 독신 생활, 자녀 없음)
상속인 예정자 : 여동생(해외 거주), 남동생, 합계 2명

암이 발견되어 여생이 얼마 남지 않았다고 선고받았다

E는 삼남매의 장녀인데 남편과 사별 후 자녀 없이 혼자 살다가 암이
발병되어 현재 투병 중이다. 암이 발견되었을 때는 이미 말기여서 죽
을 날을 선고받은 것이나 다름없는 상황이었다. E의 상속인은 여동생
과 남동생으로 여동생은 미국에 거주하고 있어 수속이 힘들었다. 가까
이 사는 남동생 가족과는 평소에 왕래를 하고 있기에, E는 공정증서
유언으로 재산의 대부분을 남동생에게 상속하고 얼마의 현금을 여동

생에게 주겠다는 의사를 남기고 싶었다. 남동생의 아내(올케)와 딸(조카딸)은 입원 중인 E를 간병하고 있었다.

E의 상태를 보면 유언장을 한시라도 빨리 작성하는 게 바람직했기에 유언장 작성 절차는 일사천리로 진행되었다. 유언 원고는 공증사무소와 협의해 작성한 다음 조카를 통해 병원으로 보내 E가 확인했다. 그 후 공증인과 증인이 병원으로 가, E의 병실에서 공정증서 유언 작성이 완료되었다. E는 불안이 없어진 덕분인지 얼마 동안 용태가 더 안정되었다. 그리고 몇 달 후 의사의 선고대로 세상을 떠났다.

상속상담

얼마 후 유언집행자인 남동생으로부터 보고를 겸한 연락이 왔다. 생전에 여러 가지 준비를 해 놓았고 공정증서 유언으로 재산 분배 방법, 장례식, 절에 기부하는 것까지 정해 놓았기 때문에 E의 임종이 아주 평온했다고 알려 주었다.

유언장 작성을 위해 만났을 때 E는 와병중임에도 불구하도 의사 표현을 분명하게 했기에 남동생의 말을 듣고 고개를 끄덕일 수 있었다. 남동생도 유언장을 작성해 놓은 덕분에 당황하거나 갈등을 빚지 않고 원만하게 수속을 할 수 있었다며 만족해 했다.

유 언 장

유언자 E는 아래와 같이 유언한다.

제1조 유언자는 상속 개시 때 소유한 예금·현금 중, 일금 ○○○만 엔을 영대공양료(永代供養料)로 종교법인 ○○원(院) ○○사(寺)에 유증합니다.

제2조 유언자는 상속 개시 때 소유한 예금·현금 중 유언자의 입원 비용, 장례식 비용, 관계자에 대한 사례, 유언자의 미불채무, 유언 집행비용 및 전조(前條)에 기재된 금액을 공제한 잔금 전부를 유언자의 남동생에게 상속합니다.

제3조 유언자는 상속 개시 때 소유한 토지·건물을 전기(前記) 남동생에게 상속합니다. 단, 전기 남동생은 토지·건물을 상속하는 부담으로서 모든 것을 금액으로 환산하여 그 금액에서 공과금, 부동산 중개수수료 및 등기비용 등의 환가에 동반되는 제세 제비용을 공제한 잔금 중 1/2에 상당하는 금액을 유언자의 여동생에게 보상금으로 지불하는 것으로 합니다.

제4조 유언자는 본 유언집행자로 전기 남동생을 지정합니다.
1. 유언집행자는 필요하다고 인정했을 때는 제삼자에게 그 임무를 수행하게 할 수 있습니다.
2. 유언자는 상기 유언집행자에게 유언자 명의의 예금·유가증권의 명의 변경, 해약, 예기치 않은 수속 및 그 수령, 유언자 명의의 대여금고의 열람, 해약의 권한도 부여합니다.

장례식은 친척과 친지만 모시고 밀장(密葬, 가정장)으로 하기를 바랍니다. 그리고 장례식 후 바로 납골하여 우리 부부 두 사람의 위패를 모두 ○○사(寺)에 안치하고 영대공양료로 제1조에 제시한 금액을 봉납해 주십시오. 부탁드립니다.

20○○년 ○월 ○일
유언자 E

사례연구 6 상속권이 없는 손자에게 유산을 주고 싶은 경우

의뢰인 : F 씨(남편 사망 후, 양자 부부 · 손자와 생활)
상속인 예정자 : 양자 부부(조카, 조카딸), 합계 2명

재산을 양자 부부에게도 나눠 준다

대대로 내려오는 지주인 F 씨 부부 집안은 자식복이 없었다. F의 남편은 후계자가 없이 떠나면 곤란할 것 같아 친척 중에서 양자가 될 수 있는 후보를 찾았다. 다행히 두 친족의 조카와 조카딸의 혼사가 이루어져 입양을 했다. 그 후 네 명의 손자가 생겼는데 며느리가 일을 계속했기에 손자가 성장할 때까지 F가 며느리 대신 손자들을 돌봤다. 손자들에게 둘러싸인 생활은 부부에게 전보다 큰 행복을 선사했다.

본래 농가였던 F 씨네는 농지를 소유하고 있었는데 역에서 도보로 3분 거리의 밭 일부가 역 주변의 구획정리지로 들어가, 택지로 지정되었다. F의 남편은 두 채의 점포와 다가구 주택 한 채를 지어 임대 사업을 시작했고, 거기서 매달 집세 수입이 나와 생활이 안정적인 편이었다.

F의 남편이 사망했을 당시 F가 재산 전부를 상속하길 바란다며 양자 부부는 상속재산을 사양하는 입장이었다. 그러나 F는 양자 부부에게도 재산을 나눠 주고 싶었다. F는 유산 상속분 중 35%를 양자 부부에게 나눠 주는 것으로 유산분할 협의를 하고 상속세 납세액을 대폭 줄였다. 절세를 위해 명의만 나눠 놓았을 뿐 모두가 집안의 재산이라는 게 F의 생각이었기에 가능한 일이었다. 그런데 그 후 양자 부부의 태도가 달라졌다. 자신들의 재산이 된 만큼 자신들 마음대로 처분하겠다는 말을 하기 시작한 것이다.

이런 상황이 되자 F는 양자 부부가 결별을 선언한 것으로 통감하고 자기가 세상을 떠나도 양자 부부에게는 재산을 한 푼도 남겨 주지 않겠다고 굳게 결심했다. 그래서 공정증서 유언을 작성해 전 재산을 손자에게 상속하는 유언장을 작성했다.

상속상담

F는 유언장 작성 후 마음이 후련해져 앞으로 오래 살 것 같다고 말했다. 그녀는 양자 부부를 생각하는 마음에서 재산을 분산했던 것이다. 그 후 이런 사태가 생기리라고는 누구도 상상하지 못했는데, 어쨌거나 재산이 손에 들어오면 사람의 마음이 달라지게 마련이란 걸 절감할 수 있었다.

유 언 장

유언자 F는 아래와 같이 유언한다.

제1조 유언자는 유언자 소유의 부동산, 예금, 유가증권 등의 전 재산을 유언자의 손자(양자의 장남)에게 유증합니다.

제2조 유언자는 본 유언의 집행자로 증인 ○○○를 지정합니다.

부언사항

유언자는 남편이 사망했을 때, 유언자와 망부(亡夫)의 양자인 두 명에 대해 유언자와 유산분할 협의서를 작성해서 망부의 재산을 나눠줬습니다.

그것은 ○○○가를 지키게 하려면 두 명에 대해 그렇게 하는 것이 가장 좋다는 마음에서였는데, 두 사람의 생활 태도에서 나의 배려에 대해 감사하는 마음이 없어보였습니다.

그런 이유로 나는 두 사람에게 내가 세상을 떠난 다음, 재산을 의탁할 의사가 없어졌으므로 손자에게 나의 전 재산을 유증하기로 한 것입니다.

20○○년 ○월 ○일

유언자 F

동족회사나 개인사업자의 후계자를 지정해 주고 싶은 경우

의뢰자 : G 씨(아내는 고인)
상속인 예정자 : 장남, 장녀, 손자(양자), 합계 3명

부동산은 후계자인 손자에게 남기고 싶다

G는 태평양 전쟁 후 여러 직업을 전전한 끝에 회사를 창업했다. 순탄한 인생은 아니었지만 회사를 경영한 50년 세월 동안 견실한 경영을 해왔다. 그는 회사의 실적이 좋았을 때 땅을 두 군데 사두었고 사업용 빌딩도 두 채를 지었다. 하나는 회사 사무실, 또 하나는 입지가 좋은 곳에 임대용으로 지어 안정된 수입원이 되었다.

  그는 장남에게 사장 자리를 물려준 다음에도 회장으로 매일 회사에 얼굴을 내밀었다. 그로 인해 건강도 유지하고 삶의 보람도 잃지 않을 수 있다. 창업 당시부터 회사를 지탱해 준 아내는 병마와 씨름하다 타계해 안타까웠지만, 장남 가족과 같이 살고 있기 때문에 불편함 없이 행복한 나날을 보낼 수 있었다. 그런데 몇 년 전 회사를 물려준 장남에게 병이 발견되어 수술을 하게 되었다. 그 후 장남은 입원과 퇴원을 반복하고 있는 상태였다. 이 모습을 보다 못한 손자가 다니던 직장을 그만두고 아버지의 회사에 입사했다. 장남은 될 수 있는 한 빠른 시일 안에 손자에게 사장 업무를 인계할 생각이었다. 손자도 거기에 부응하여 아버지를 거들면서 성실하게 업무에 열중하고 있는 모습을 보였다. G는 손자에게 직접 재산을 상속하여 가업을 승계하고 싶었다. 이 같은 속마음을 장남과 손자에게 얘기하자 두 사람 모두 선뜻 동의했다.

  상속의 경우 장남과 손자는 부모 자녀 사이라서 문제가 없었다. 문제는 출가한 장녀에게도 상속권이 있다는 점이었다. 장녀가 만약 집세 수입이 있는 부동산을 요구하면 회사 운영이 복잡해질 수 있었다. 본인은 희망하지 않는다고 해도 배우자와 자녀가 포기하지 말라고 충동할 경우가 흔히 있는 일이기에 유언장이 필요했다. 투병 중인 장남은 자신을 건너뛰어 손자가 상속해 주기를 바랐기에 장녀에게는 유가증권만 주기로 하고 부동산을 비롯한 나머지 모든 재산은 손자에게 상속한다는 공정증서 유언이 완성되었다.

G는 90대의 고령이었지만 아직도 건강해서 의연함을 잃지 않는 풍모를 지니고 있었다. 그는 직접 창업한 회사와 재산에 남다른 애착을 갖고 있었는데, 손자가 그의 기대에 부응하려고 노력하는 모습이어서 퍽 만족스러워했다. 그는 자신이 창업한 회사를 손자가 승계해 재산을 지키고 가문을 존속시켜 주길 바랐다. 그의 이 같은 바람이 이루어지려면 상속으로 갈등을 빚지 않도록 유언장으로 남겨 놓는 것이 중요했다.

공정증서 유언   사례연구 7

유 언 장

유언자 G는 아래와 같이 유언한다.

제1조 유언자는 유언자 소유의 부동산(토지 및 건물), 예금 및 현금 등 모든 재산(단, 제2조에서 장녀에게 상속한다고 한 주식을 제외한다)을 유언자의 손자(양자)에게 상속합니다.

제2조 유언자는 유언자 소유의 모든 주식을 유언자의 장녀에게 상속합니다.

제3조 유언자는 본 유언의 집행자로 전기(前記)의 손자를 지정합니다.

유언자는 장남 부부와 손자 부부가 유언자의 식사와 신변을 보살펴 준 덕분에 자택에서 편안하게 생활할 수 있었던 것에 감사하고 있으며, 주식을 제외한 유언자의 전 재산을 손자에게 상속하기로 하였습니다.

○○원(院)에 있는 집안의 묘를 지키며 영대공양을 하고, 유언자가 창업한 회사의 후계자로서 회사의 발전에 노력할 것을 간절히 바랍니다.

2000년 ○월 ○일
유언자 G

사례연구 8 신세를 졌던 제삼자에게도 유산 일부를 나눠 주고 싶은 경우

의뢰인 : H 씨(남편과 사별 후 독신 생활, 자녀 없음)
상속예정자 : 형제자매(차녀, 장남, 차남, 삼녀, 삼남), 합계 5명

망부의 자녀와는 계속 교류가 있었다

H는 육남매 중 장녀이다. 그녀는 여고 졸업 후 대기업에서 오래 근무했고 그 회사의 주식도 오랫동안 보유하고 있었다. 회사를 퇴직하고 나서는 취미인 서예에 열중하게 되었고 서예 회원으로서 심사위원 일도 했다. H는 회사를 퇴직할 때까지 꾸준히 모은 저금으로 교외에 주택을 구입했다. 그녀는 오랫동안 혼자 살다가 인연이 닿은 홀아비와

결혼하여 둘이 생활하게 되었다. 남편은 전부인과 사별하고 두 자녀는 이미 독립했기 때문에 남편의 자녀들과 H가 함께 생활한 적은 없었다. 그렇지만 두 자녀 모두 이들의 결혼을 찬성했고 자주 놀러오기도 하여 원만한 관계였다.

남편이 몇 년 전에 세상을 떠나고 다시 혼자가 된 후 가장 의지하고 있었던 것은 둘째 남동생(차남)이었다. 집이 가깝기도 해서 뭔가 볼일이 있을 때는 남동생에게 연락해 집에 오게 하고 있었다.

H는 건강검진에서 병이 발견되어 입원했다. 그러나 이미 병세가 말기여서 수술도 할 수 없다는 것을 알게 되었다. 그녀는 자택으로 돌아가도 혼자 생활하기는 힘들기에 남동생을 보증인으로 하여 호스피스 병동에 입원했다. H는 병동 생활을 하며 자신의 재산을 정리하기로 마음먹었다. 그녀는 앞으로 얼마 더 살지 못할 거라는 선고를 받았기에 동생을 통해 공증인과 협의를 하고 날짜와 시간을 정했다. 재산 분배 내용도 정해 놓았다. H에게 내용을 메모하게 한 후 그것을 기초로 원고를 작성, 1주일 후에 공정증서 유언이 완성되었다.

상속상담

H는 호스피스 병동에 입원해 있었다. 자연으로 둘러싸인 산골짜기에 자리한 병원은 남은 하루하루를 평온하게 보낼 수 있도록 여러 가지로 세심한 배려를 해 놓았다. 어느 봄날, 공정증서 유언을 작성하기 위해 공증인과 증인이 H의 병실을 방문했다. 평소에도 단정한 분인듯 H는 곱게 화장을 하고 침대에서 일어나 있었다.

H는 공증인이 소리 내어 읽은 유언장을 확인하고 또박또박 쓴 글씨

체로 서명, 날인을 마쳤다. H는 죽을 날을 선고받은 분이라고는 믿기지 않을 정도로 정정하고 야무지게 행동하였다. 머리맡에 놓인 사진과 붓글씨에 관해서도 즐거운 모습으로 얘기하며 의연한 기품을 엿보였다.

H는 자신의 재산에 관해서 '왕래가 없는 동생들보다 더 자신의 건강을 염려해 준 남편의 자녀들에게 유산의 일부를 나눠 주고 싶다. 신세를 진 둘째 남동생에게는 조금 더 많이 남기고 싶다' 고 하였다. 이를 토대로 유언장이 완성되었고 H는 진심으로 기뻐했다.

유 언 장

유언자 H는 아래와 같이 유언한다.

제1조 유언자는 유언자가 소유한 부동산을 유언자의 남동생 ○○○에게 상속합니다. 또한 남동생 ○○○는 당해(當該) 부동산을 상속 후 신속하게 이것을 매각 처분하여 그 대금을 제2조의 환가금(換價金)과 합산한 다음, 같은 조(條)에 기재된 내용에 따라 배분하는 것으로 합니다.

제2조 유언자는 유언자가 소유한 재산을 후기(後記) 유언집행자가 환금·환가, 처분한 다음, 그 환가금에다가 전조(前條)에 따라 부동산을 처분한 대금을 합산하여, 그 합계금액에서 채무 및 제비용을 공제하고 그 잔여금에 관해 아래 사람에게 아래 비율로 상속하거나 유증합니다.

1. 유언자의 남동생(장남) ○○○, 여동생(차녀) ○○○, 여동생(삼녀) ○○○, 남동생(삼남) ○○○에 대해, 모두 100분의 ○○의 비율로 상속합니다.
2. 유언자의 남동생(차남) ○○○에 대해, 100분의 ○○의 비율로 상속합니다.
3. 유언자의 망부의 아들 ○○○, ○○○에 대해, 모두 100분의 ○○의 비율로 유증합니다.

제3조 제1조에 기재된 건물 안에 놓아 둔 기모노는 오랫동안 생활을 보살펴 준 남동생 ○○○의 아내 ○○○에게 유증합니다.

제4조 유언자는 본 유언의 집행자로 전기(前記) 남동생 ○○○를 지정합니다.
유언자는 본 유언의 집행자에게 다음 권한을 부여합니다.
1. 부동산, 예금, 주식·국채 그 외의 채권, 자산의 명의 변경, 환금·환가 처분.
2. 환금·환가한 대금으로 제2조에 기재된 유언자의 채무 및 일체 비용의 지불에 충당할 것.

2○○○년 ○월 ○일
유언자 H

사례연구 9 상속인에게 평등하게 재산을 주고 싶은 경우

의뢰인 : I 씨(아내와 사별 후, 독신인 장남과 동거)
상속인 예정자 : 장남, 차남, 합계 2명

동거하는 독신인 장남의 폭주를 용서할 수 없다

I는 오래 근무했던 회사를 정년퇴직하고 유유자적한 하루하루를 보내고 있었다. 나이는 이미 평균 수명을 넘겼지만 건강이 아주 좋았다. 매일같이 영양분을 골고루 섭취하는 식생활을 유지해 몸이 최상의 상태라고 했다. 아내도 건강하게 생활했는데 자전거를 타고 외출했다가 사고를 당하는 바람에 그 자리에서 세상을 떠나고 말았다. I는 마음의 준비가 없는 상태에서 일을 당해 멍한 상태가 되어 버렸다. 조문객 맞

이와 장례식 등이 모두 끝났을 때 I는 두 아들과 아내의 재산 분배를 어떻게 할지 의논했다.

아직 독신이며 아버지와 같이 살고 있는 장남이 '내가 수속을 진행하고 싶다'고 해서 I는 모든 것을 맡겼다. 그랬더니 장남이 〈토지권리증〉과 예금 통장, 연금 통장 등 아내 것뿐만 아니라 I의 것도 전부 빼앗아 관리했다. 아내의 예금은 지금까지의 저축과 연금 정도이므로 상속세 신고는 할 필요가 없지만, I의 자택은 꽤나 넓은 땅에 지어져 있었고, 건물의 1/4을 아내에게 생전에 증여한 상태였다.

장남은 성실한 사람이지만 결혼의 연이 없는지 부모와 같이 살았다. 아내가 가사를 전담하고 있었기에 I와 장남은 아무 불편함이 없었으나 아내가 사망한 후에는 사정이 달라졌다. 그런데 장남은 집안일에 손끝 하나 까딱하지 않았다. 할 수 없이 I가 집안일을 했는데 상속 이야기가 나오고부터 장남은 아버지와 함께 식사를 하지도 않았다. I는 이 상태를 어떻게 해결해야 할지 난감했다. 차남은 결혼해서 본가로 되돌아 올 상황이 되지 못했다. 그러나 장남의 그른 행동은 도저히 용납하기 힘들기에 어떻게든 아버지가 마음 편히 지낼 수 있도록 해드리고 싶었다.

일반적으로 부동산의 공동소유는 권하지 않지만 I집안의 경우 장남이 독신이어서 그 상속인은 남동생이 되었다. 때문에 법정 비율로 등기하고 차남의 권리를 공정증서 유언으로 작성해 두면 장남의 독단적인 행동을 어느 정도 막을 수 있었다. 물론 차남에게 증여하는 방법도 있지만 장남이 알게 되었을 때의 일을 고려해서 무난한 선택을 한 것이다. 이 같은 내용으로 공정증서 유언이 완성되자 I는 훗날에 대해 다소 안심하였다.

174

자식에게 얹혀살지 않겠다는 시대이면서 얄궂게도 부모는 자녀를 돌봐야 하는 시대라는 게 지금의 현실이다. I 집안의 경우도 장남이 독신인 채 본가에서 생활하면서 아버지를 봉양할 생각은 없고 어떻게든 자신의 권리만 지키고 싶어 했다. 같이 사는 게 힘들다는 건 알지만 I 가 앞으로 생활하면서 스트레스를 받지 않기 위해서라도 장남과 거리를 두는 게 필요했다.

공정증서 유언　　사례연구 9

유언장

유언자 I는 아래와 같이 유언한다.

제1조 (상속) 유언자는 부동산 및 예금 등 유언자 소유의 모든 재산을 유언자의 장남 ○○○와 차남 ○○○ 두 명에게 각 1/2의 비율로 상속합니다.
또한 ○○○이 유언자보다 먼저 사망했을 경우는 ○○○에게 상속하기로 한 재산을 그 상속인에게 상속합니다.

제2조 (특별수익자의 상속분) 유언자는 지금까지 장남 및 차남 두 사람에게 해 준 생전증여에 의한 특별수익의 환수를 모두 면제합니다.

제3조 (제사를 맡을 자의 지정) 유언자는 조상의 제사를 맡을 자로 장남을 지정합니다.

제4조 (유언집행자의 지정) 유언자는 본 유언의 집행자로 차남을 지
정합니다.

내가 남기는 재산은 전후의 혼란기를 거쳐 오늘에 이르기까지 나
와 고인이 된 아내가 힘을 합쳐 어느 누구의 힘도 빌리지 않고 일궈
온 것입니다. 또한 빚도 남기지 않았습니다.
지금 이 재산을 믿고 사랑하는 두 아들에게 물려주어 각자의 생활
에 도움이 되리라는 것에 만족하고 있습니다.
덧붙여 두 아들에게, 내 재산의 상속이 끝까지 원만하게 또한 조금
은 감사하는 마음으로 이루어지기를 간절하게 바라고 있습니다.

20○○년 ○월 ○일

유언자 I

사례연구 10 상속인 각각에게 특정 재산을 주고 싶은 경우

의뢰자 : J 씨(남편과 사별 후 자녀와 생활)
피상속인 : 시어머니
상속인 예정자 : 시누이, 장남(남편의 대습상속인), 합계 2명

증여 약속을 했으나 여전히 불안

J는 장남인 남편과 오래 전에 사별하고 아직 어린애였던 아들을 키웠다. 시댁 바로 근처에 살면서 맏며느리로서 여러 상황에 대처해 왔는데 시아버지의 상속 수속에 대해 후회하고 있었다.

시아버지의 상속인은 시어머니와 시누이, 남편의 대습상속인인 J의 장남까지 세 사람이었다. 시아버지의 재산은 자택과 임대 부동산, 예금이었다. 재산 분배에 관해서는 시아버지의 메모가 있었고, 임대 부동산은 J의 장남에게 상속한다고 쓰여 있었다. 그러나 시어머니는 집세 수입으로 생활하고 있었기에 자신이 살아 있는 동안에는 집세가 자기 수중에 들어오게 하기 위해 임대 부동산의 상속을 강력하게 원했다. J도 맏며느리로서 시어머니를 부양할 입장이라 생각해 시어머니 희망대로 전 재산을 상속하는 것을 승낙했다. 대신 시어머니가 돌아가셨을 때는 그 부동산을 상속할 수 있도록 사인증여(死因贈與)를 원인으로 한 소유권 이전 가등기를 해 놓았다.

J가 공정증서 유언을 작성했는지 확인했더니 시어머니는 아직 작성하지 않았다고 했다. 가등기가 설정되어 있었다고 해도 시어머니가 다른 내용의 유언장을 작성하면 가등기와 관계 없이 상속, 유증하는 것이 가능했다. 또한 시누이의 협력 없이는 등기를 할 수 없는 상황이기도 했다. 시어머니의 상속으로 갈등을 빚지 않기 위해서는 시어머니가 공정증서 유언을 작성하여 각각의 상속분을 지정할 필요가 있었다. 의사를 분명하게 확인하고 증명을 해 두면 서로 불안해 할 일도 없었다. 다행히도 처음에는 유언장을 작성하지 않겠다던 시어머니가 각오를 했는지 다시 논의하지 않아도 되도록 공정증서 유언을 작성해 주었다.

상속상담

상속인이 아무리 집안 식구라고 해도 본래의 상속인이 죽고 나면 상황이 달라지게 마련이다. 시어머니와 시누이와 맏며느리라는 입장이 얽히면 그동안 아무리 원만하게 지내왔다고 해도 상속이 쉽게 해결되지 않는다. 거기에 재산 상태가 복잡하면 더욱 어려워지게 되는데, J의 경우 시어머니가 생전에 확실하게 해 주지 않으면 나중에 시누이와의 갈등을 피할 수 없을 게 분명했다.

다행스럽게도 시어머니가 약속을 실천하였다. 협의할 때는 다소 어색했던 것 같지만 유언장의 내용을 시누이와 J의 아들이 양해했고 전원이 납득할 수 있었기 때문에 시어머니도 안심할 수 있었다.

유 언 장

유언자 ㅇㅇ는 아래와 같이 유언한다.

제1조 유언자는 상속 개시 때 소유한 부동산 중 임대부동산을 유언자의 죽은 장남 ㅇㅇ의 아들인 손자 ㅇㅇ에게 상속합니다.

제2조 유언자는 상속 개시 때 소유한 부동산 중 자택을 유언자의 장녀 ㅇㅇ에게 상속합니다.

제3조 전기(前記) 손자 ㅇㅇ 및 장녀 ㅇㅇ에게는 각각 앞의 1, 2조의 각 부동산을 여분으로 주는 것으로, 두 사람의 부동산 취득은 그 나머지의 상속재산분할에는 영향을 주지 않는 것으로 합니다.

부언사항
안타깝게도 남편과 장남이 먼저 세상을 떠났지만, 장녀, 맏며느리, 손자 및 그 가족들을 비롯하여 친족 여러분에게 신세를 많이 졌습니다.

나의 유산상속이 원활하게 되기를 바라는 마음에서 이 유언장을
작성했으므로 부디 나의 유지를 존중하고 납득해주기 바랍니다.
손자 ○○는 돌아가신 아버지를 대신하여 ○○○ 가의 제사를 계
속 맡아주기를 부탁합니다.
끝으로 모두가 오래오래 건강하고 평화로운 나날을 보내기를 진심
으로 기원합니다.

20○○년 ○월 ○일

유언자 J

● 우리나라 민법은 상속인인 직계비속이 피상속인(고인)보다 먼저 사망하였을 경우 상
 속인의 배우자가 대습상속인으로 인정된다. 따라서 J의 경우 대습상속인의 지위를 가
 질 수 있다.

PART 07

원만한 상속을 위한 대책

원만한 상속을 위한 대책

1. 상속은 준비하는 것이 중요하다

상속을 하게 되면 그 가정의 사정과 상속인의 관계는 감추려고 해도 감출 수 없다. 상속 수속은 상속인과 만나 함께 진행하는 것이므로 상속인의 인품도 자연스럽게 알 수 있다. 또 재산 내용도 공개되기에 물질적인 자산 규모도 다 알게 된다. 그러나 눈에 보이는 것은 재산과 상속인만이 아니다. 상속에 따른 여러 가지 절차를 진행하는 동안 돌아가신 분의 인품까지도 보인다. 상속인들이 돌아가신 분을 소중하게 생각하는 마음을 갖고 있는 경우는 유언장이 있든 없든 상속인 사이에 아무 문제 없이 원만하게 수속이 진행된다. 그런 모습을 보면 돌아가신 분이 평소 물질보다 인간관계를 중시했음을 알게 되고, 그것이 상속인에게도 계승된 것임을 미루어 짐작할 수 있다.

한편으로 상속인이 돌아가신 분에 대한 경애의 정을 보이지 않고 재산 분배에만 몰두해 상속인끼리 다투는 경우가 있다. 그러면 돌아가신 분이 평소 물질에 대한 집착이 강해 물욕적인 가치관을 앞세워 상속인들도 그런 태도를 취했던 게 아닐까 하는 상상을 하게 된다. 수많은 상속을 진행하면서 실제 경험을 토대로 보면 이 같은 판단이 빗나가는 일이 거의 없다. 가족 간의 사정을 감출 수 없는 것과 마찬가지로 물질을 비롯해 인품과 가치관도 감출 수 없는 것이 바로 상속 문제이다.

상속은 미리 준비해서 자신의 의사를 남겨 두는 것이 가장 중요하다. 죽기 전 자신의 의사를 남기지 않으면 남은 가족은 갈팡질팡하면서 각자 입장을 주장하고 다투게 된다. 그렇지만 돌아가신 분의 의사가 전달되는 경우는 의사가 존중되고 남은 가족도 납득할 수 있어 원만하게 끝날 수 있다. 때문에 상속을 앞두고 자신의 의사를 남겨 두는 것이 필수불가결한 첫 번째 대책이라 할 수 있다.

2. 의사표시를 미리 해 두자

많은 사람들이 '내가 죽은 후의 대책을 세워 둬야 한다고 생각은 하는데 어떻게 해야 할지 모르겠다. 자녀들이 어떻게든 알아서 하겠지'라고 말하곤 한다. 또한 '상속세가 부과되면 땅을 팔면 되지' 라고 말하는 사람도 있다. 상속 대비책을 세우려 해도 구체적으로 어떻게 해야 좋을지 모르는 경우가 많다. 자기 혼자서는 마음이 정리되지 않는데 그렇다고 해서 배우자나 자녀에게 의논할 일이 아니라고 생각하는 사람도 있다. 상속에 대해 아무 준비를 하지 않고 본인의 의사를 남기지 않을 경우 나중에 큰 문제가 발생할 수 있다. 남은 사람이 어떻게든 알아서 할 것이라는 생각은 참으로 무책임하다. 재산을 소유한 사람이라면 '나는 이런 생각으로 재산을 남겼고, 이런 식으로 분배해 줄 테니 내 뜻을 이해하고 받들어 줬으면 좋겠다'는 의사를 명확하게 해 두는 것이 중요하다.

물리적인 대책과 함께 정신적인 부분도 배려할 필요가 있다. 재산의 유지 · 계승이나 재산 형성은 평소 자신의 가치관에 따라 이루어지는 것이겠지만 일일이 말로 표현하지 않는 사람도 많을 것이다. 그러나 물질을 남길 때는 가치관도 함께 물려주어야 올바른 계승이 이루어질 수 있다. 재산을 남기고 돌아가신 분의 유지까지 받들게 할 필요가 있는 것이다.

상속인끼리 다투는 상황이 벌어지면 원래의 관계로 되돌아갈 수 없음은 물론 부정적인 유산이 다음 세대까지 계승된다. 부모가 다투는 것을 본 자녀들이 그와 똑같은 다툼을 하는 것은 자주 있는 일이기도 하다. 때문에 자신의 가치관이나 가정의 사정에 따라 근본적인 대책을 세워가는 것이 필요하다.

3. 서둘러야 늦지 않는다

재산의 확인 · 정리부터 시작한다 | 상속 대책이라고 하면 '생전에 증여를 해 두는 것'이라고 생각하는 분들이 있는데 필요한 대책은 재산과 가족 상황에 따라 각각 다르다. 어떤 대책이 필요한지를 확인하기 위해서는 우선적으로 재산의 확인과 정리를 해야 한다. 재산을 확인하고

정리함으로써 과제를 정할 수 있기 때문이다.

먼저 부동산을 확인해 보자. 〈토지대장〉과 〈재산세 납세통지서〉와 〈고정자산 평가증명서〉 등의 서류는 토지와 가옥의 면적, 평가액을 확인할 수 있게 한다. 그리고 공동소유자가 있는 경우는 〈등기권리증〉이나 〈등기부등본〉으로 공유 비율을 확인해 둘 필요가 있다.

다음으로 '예금'이나 '주식', '보험' 등의 동산을 확인해야 한다. 예금은 통장의 잔액, 주식은 증권회사의 〈예탁증서〉, 보험은 〈보험증권〉으로 확인하도록 한다. 요즈음은 온라인 거래가 활발해 인터넷을 이용한 〈통장 잔고〉로 모두 확인할 수 있다. 또한 동족회사의 주식이나 법인에 대한 대부금이 있는 경우에 모두 평가를 해서 재산에 포함시켜야 한다. 부채의 경우는 아파트나 주택의 대출금이라면 금융기관의 〈상환 명세서〉로 확인하면 된다.

이와 같이 부동산, 동산, 부채를 확인하고 나면 대략적인 재산 내역이 나온다. 그중 플러스 재산에서 마이너스 재산을 빼고, 상속인을 확인하고 그에 따른 기초 공제를 뺀 나머지가 과세 재산이 되는 만큼 상속세의 예상액까지 계산할 수 있다. 재산 상세 내역 중 상속세가 부과되는 재산을 구분하고, 그 액수가 얼마 정도인지를 계산해 필요 자금을 상정하고 대책을 세우면 된다.

가능하면 나누기 편한 재산으로 해 놓는다 | 재산의 많고 적음에 관계 없이 상속을 하게 되면 재산의 이전 절차를 밟아야 한다. 그런데 상속을 하게 되어도 유산분할 협의가 되지 않은 탓에 실질적인 재산 분배를 하지 못하고 몇 년 동안이나 부동산이 돌아가신 분의 명의로 되어 있

어서 처리가 곤란하다는 상담이 끊이지 않는다. 상속인이 분할 협의를 해야 하는데 유언장이 없을 경우 여러 가지 사정으로 좌절하게 된다.

사정은 각각 다르지만 몇 가지 공통점을 정리하면, 복수의 상속인이 있는데도 부동산이 자택 하나여서 나눌 수 없거나, 임대 수익이 있는 물건과 자택처럼 수익이 없는 물건을 어떻게 분할할지의 문제가 많이 등장한다. 부동산을 공유하는 일도 자주 있는 사례이기에 가능하면 부동산 공유는 하지 말라고 권하고 싶다.

부동산이 한 곳인 경우는 물리적으로 나눌 수 없기 때문에 상속으로 나눌 수 있도록 해 놓는 것이 중요하다. 예를 들어 특정 상속인에게 부동산을 상속한다면 다른 상속인에게는 거기에 걸맞는 동산을 준비하여 균형을 맞춘다. 그중에는 부동산을 매각해서 나누도록 하라고 유언장에 기입해 놓는 분도 있다.

복수의 부동산이 있는 경우 누가 어디를 상속할지 지정하지 않으면 협의가 되지 않는 경우가 있다. 절세하는 것보다도 나눌 수 있는 것이 중요하므로 이 역시 준비가 필요하다. 갈등이 빚어지기 시작하면 절세고 뭐고 다 어려워지기 때문이다.

분할금·납세자금을 준비한다 | 상속세 예상액을 산출한 다음 재산 분배를 생각하면 상속 때 현금이 얼마 정도 필요하게 될지 예상할 수 있다. 현재의 재산 중에서 상속세를 낼 만한 현금이나 유가증권 등의 동산이 있으면 큰 불안이 없다고 할 수 있다.

그러나 부동산은 있지만 필요한 현금이 없는 경우가 있을 수 있다. 상속 시에는 재산 분배의 분할금과 납세 자금이 필요하므로 그 준비를 해 두어야 한다. 상속하게 되었다고 현금이 갑자기 생겨나는 것은 아니기 때문이다. 이런 경우의 대책으로는 상속세 예상액과 재산 분배를 목표로 한 생명보험에 가입해 두고 분할금 · 납세 자금을 준비하는 게 좋다. 혹은 매각에 시간이 걸리는 경우가 있으므로 부동산을 서둘러 처리하여 현금화해 두는 것도 한 방법이다. 어찌되었든 상속 시에 나눌 수 있는 형태로 바꾸어 두는 게 좋다. 또한 목돈이 없거나 마련할 수 없는 경우라도 임대 사업 등의 안정된 수입이 있으면 분할금과 납세에 충당할 수 있다. 단 수익이 안정된 임대 사업일 경우에만 해당된다. 매년 수익의 균형을 확인하고 상속에 부담이 없는 우량 임대 사업을 하면 상속 때 플러스 재산이 될 수 있다.

유산 분할안을 정하여 유언장으로 만든다 | 다음 세대로 계승하기 위한 분할 방법을 지정해 두는 것이 중요하다. 아무런 의사 표시 없이 다음 사람이 알아서 할 것이라는 생각으로는 유산 분할이 순조롭게 마무리될 수 없다. 그리고 의사를 정한 다음에는 반드시 그 내용을 전달해 둔다. 그렇지 않으면 남은 사람들이 욕심을 부리며 갈팡질팡하기 마련이다. 재산 분배의 구체적인 방법을 정하지 않아 부동산이나 동산을 둘러싸고 친족이 갈등하게 되면 상속의 가치는 반감하고 만다. 상속인들이 옥신각신하지 않도록 바른 길잡이가 되는 〈유언장〉을 작성하여 자신의 의사를 공정증서 유언으로 반드시 남겨 둘 필요가 있다.

유언장에는 구체적인 재산 분배뿐만 아니라 감사의 마음을 적을 수도 있다. 상속인들을 염려하며 애정이 담긴 내용을 남기면 남은 사람들에게 감정적인 위로와 살아갈 용기를 주게 된다. 자신이 죽은 후 남은 가족들에게 유형, 무형의 재산을 남긴다면 상속의 가치가 더욱 빛날 수 있다.

상속 수속은 상속인 전원이 함께 진행하는데, 창구가 되는 대표는 한 사람인 것이 좋다. 그래야만 무슨 일이든 더 원활하게 소통되고 쉽게 결론에 이를 수 있다. 이를 위하여 유언 작성자는 대표를 선임해 두는 것이 중요하다.

상속 과정을 진행하다 보면 원하든 그렇지 않든 그 가정의 속사정이 노출된다. 이에 대한 가장 좋은 대비책은 재산 분쟁을 하지 않을 것 같은 가정을 만들어 두고, 평소에 물질보다 소중한 것이 있음을 가르쳐 두는 게 이상적이지만 이것이 쉽지 않기 때문에 현실적인 대안이 필요하다. 가능한 한 부정적인 DNA는 남기지 않는 것이 훌륭한 유산이라 할 수 있다.

절세 대책을 마련한다 | 상속세가 부과된다는 것을 알았으면 다음으로는 절세 대책을 준비해야 한다. 절세 대책 방법은 몇 가지가 있다. 거품 경제 무렵에 유행했던 토지 유효 이용으로 임대주택을 지어 놓는 것은 기본적인 절세 대책으로 안정된 사업이기는 하지만 이에는 위험 부담이 따른다는 것을 잊어서는 안 된다. '부채를 만들어 놓으면 상속 대책에 유리하다' 는 말은 이제 옛말이 되었다. 하나의 선택 수단으로서 임대 사업을 시작하는 거라면 집세 수입과 경비의 지출이 균형을 유지할 수 있는 안정적인 경영이 가능한지 여부를 확인해야 한다. 이것이 가능하면 확실한 절세 대책이 된다.

부동산을 줄여 절세하는 방법도 한 가지 대안이 될 수 있다. 예를 들어 증여세 특례 범위를 활용하여 배우자에게 부동산이나 주택 자금을 증여하여 재산을 이전하는 것은 확실한 절세가 된다. 활용하지 않는 부동산이 있다면 공공기관에 기부하는 것도 절세 대책이 된다.

상속인이 늘어나면 기초공제가 증가하기 때문에 양자결연으로 상속인을 늘리는 것도 대책 중의 하나이다. 손자나 며느리와 양자결연을 하는 경우가 일반적이고 절세 가치는 있지만 나중에 상속인의 감정적인 문제도 일어나기 때문에 사전에 동의를 구하는 등의 배려가 필요하다.

전문가의 지혜를 빌린다 | 상속에는 전문 지식과 노하우가 필요하다. 독단은 절대적으로 위험하다. 제대로 알지 못해서 그 뒤의 수속이 복잡해지거나 상속인의 갈등을 유발시키는 경우도 있기에 더욱 조심스럽다.

이해하기 쉬운 예를 들면, 뭐든지 법정 비율로 해야 한다는 믿음에서 부동산도 공유로 하는 사람이 있다. 현금처럼 딱 나눌 수 있는 것이라면 상관없지만 부동산은 나눌 수 없는 경우가 대부분이라서 상속을 아는 전문가라면 부동산의 공동소유는 권하지 않는다. 반드시 법정비율로 해야만 하는 것도 아니다. 자기 의사를 우선시하여, 상속하는 분도 납득할 수 있는 내용이라면 상속 비율을 지정해 둘 수 있다. 이때도 나중에 분쟁이 되지 않도록 배려가 필요하다. 또 구체적인 수속을 해주는 대표를 정해 둘 수 있다. 유언집행자를 정해 두거나 상주나 장례식의 대표자를 지정해 두는 것이 좋은 방법이다.

앞에서도 말했지만 재산을 남길 뿐만 아니라 친척 간에 분쟁을 남기지 않는 것도 정신적으로 큰 재산이 된다. 이것이 바로 '무형의 재산'

이다. 눈에 보이는 재산에 사로잡힌 나머지 상속인들이 재산 분배 방법을 둘러싸고 다투는 것은 큰 불이익이 된다.

눈에 보이는 유형의 재산이든 눈에 보이지 않는 무형의 재산이든, 상속전문가라면 그 가정의 사정에 맞춰 최선의 제안을 하려고 노력할 것이다. 따라서 상속전문가의 지혜를 빌리는 것이 시간이나 금전적으로 유익하다 할 수 있다.

PART 08

상속 절차를 알아둔다

상속 절차를 알아둔다

1. 상속이란? 증여란?

상속이란? | 상속은 피상속인의 법률상의 지위를 배우자나 자녀 등의 상속인에게 포괄적으로 승계하는 것을 말한다. 피상속인의 재산은 사망과 동시에 상속되는 것으로 재산의 많고 적음과 관계없다. 상속 절차는 가족이 있는 사람이라면 누구나 직면하는 일이다. 그리고 피상속인의 재산이 일정 금액 이상이라면 상속세를 납부할 의무가 발생한다.

증여란? | 민법에서 '증여는 당사자 한 쪽이 자기 재산을 무상으로 상대방에게 준다는 의사를 표시하고 상대방이 수락함으로써 그 효력이 발생되는 계약'이라고 되어 있다. 사람과 사람이 어떤 일에 합의하고, 서로의 권리와 의무를 발생시키는, 법률적인 의미에서의 약속을

'계약' 이라고 하는데, 증여도 일종의 계약이 된다. 이때 증여받은 재산에 부과되는 것이 증여세이다(표 8–1, 2, 3 참조).

사용대차(使用貸借)란? | '임대차' 는 타인의 물건에 임차료를 지불하여 유상으로 빌려서 사용하는 것을 말한다. '사용대차' 는 임차료 등을 지불하지 않고 무상으로 빌려서 사용하는 것으로 약간의 차이가 있다. 부모님 소유의 토지에 자녀가 건물을 짓는 경우 차지료(借地料)를 지불하면 임대차가 되지만, 차지권리금을 지불하지 않은 채 사용하면 사용대차가 되는 것이다. 부모 소유의 토지를 무상으로 사용하면 세법이 정한 무상사용이익에 해당하는 금액에 대해 증여세가 과세된다.

증여세 속산표(速算表) — 일본의 경우

과세가격	세율	공제액
~ 200만 엔 이하	10%	—
~ 300만 엔 이하	15%	10만 엔
~ 400만 엔 이하	20%	25만 엔
~ 600만 엔 이하	30%	65만 엔
~ 1,000만 엔 이하	40%	125만 엔
1,000만 엔 초과	50%	225만 엔

[표 8–1]

증여세 속산표 — 우리나라의 경우, 기존세율

과세표준	세율	누진 공제액
1억 원 이하	10%	—
1억 원 초과 5억 원 이하	20%	1,000만 원
5억 원 초과 10억 원 이하	30%	6,000만 원
10억 원 초과 30억 원 이하	40%	1억 6,000만 원
30억 원 초과	50%	4억 6,000만 원

[표 8–2]

증여세 속산표 ─ 우리나라의 경우, 2008 개정안

과세표준	2009년(세율 적용)	2010년 이후(세율 적용)
5억 원 이하	7%	6%
5억 원 초과 15억 원 이하	16%	15%
15억 원 초과 30억 원 이하	25%	24%
30억 원 초과	34%	33%

[표 8-3]

2. 상속인과 우선순위란?

(1) 상속인의 범위와 순위 | 민법에서 상속인이 될 수 있는 사람은 배우자와 혈족으로 한정된다. 배우자(남편 입장에서 보면 아내, 아내 입장에서 보면 남편)는 어떤 경우라도 상속할 수 있지만 혈족의 범위를 무한정 인정하면 혼란이 생길 수 있어 상속인의 범위를 확실하게 정해 놓았다.

상속인

혈족상속인
- 직계비속(자녀나 손자 등)
- 직계존속(아버지나 어머니 등)
- 방계혈족(형제자매 등)

배우자 상속인
- 배우자(남편 또는 아내)

법정상속인은 공평하게 상속할 수 있는 것이 아니라, 그림과 같이 누가 우선적으로 상속할 수 있는지가 정해져 있다. 게다가 상순위자가 있을 때는 하순위의 혈족은 상속권이 없다.

(2) **배우자** | 상속인 중에서 배우자(피상속인의 남편이나 아내)는 어떤 경우라도 상속할 수 있다. 혈족 상속인이 있든 없든 항상 상속권이 있는 것이다. 단, 상속권이 있는 배우자는 법률적으로 혼인신고가 되어 있는 배우자로 제한된다. 혼인신고를 하지 않은 관계의 배우자는 상속인이 될 수 없다.

배우자의 상속권은 제1순위와 제2순위가 있는 경우에는 이들과 순위가 동일하고, 제1순위와 제2순위가 없는 경우에는 단독으로 상속권을 가진다. 예를 들어 제1순위의 자녀가 있을 때는 배우자와 자녀가 상속인이다. 자녀가 없고 부모가 살아계실 때는 배우자와 부모가 상속인이 된다(표 8–4, 5, 6, 7 참조).

상속 순위 — 일본의 경우

제1순위	직계비속
제2순위	직계존속
제3순위	방계혈족(형제 자매, 조카 등)

[표 8–4]

상속 순위— 우리나라의 경우

제1순위	직계비속
제2순위	직계존속
제3순위	형제 자매
제4순위	4촌 이내의 방계혈족

[표 8−5]

법정상속인의 조합 — 일본의 경우

구분	배우자와 혈족이 모두 있는 경우	배우자만 있는 경우	혈족만 있는 경우
제1순위가 있다	배우자와 직계비속	배우자	직계비속
제1순위가 없다	배우자와 직계존속		직계존속
1, 2순위가 없다	배우자와 형제자매		형제자매(또는 조카)

[표 8−6]

법정상속인의 조합 — 우리나라의 경우

구분	배우자와 혈족이 모두 있는 경우	배우자만 있는 경우	혈족만 있는 경우
제1순위가 있다	배우자와 직계비속	배우자	직계비속
제1순위가 없다	배우자와 직계존속		직계존속
1, 2순위가 없다	배우자		형제자매
1, 2, 3순위가 없다	배우자		4촌이내 방계혈족

[표 8−7]

(3) 양자입양 등 | 양자는 입양된 때로부터 양부모의 친자와 마찬가지로 상속할 권리를 갖는다. 이는 양부모의 혈족 및 인적 사이의 친계와 촌수에도 동일하게 적용된다. 또한 정식 혼인관계가 없는 남녀간의 자녀를 비적출자(非嫡出子)라고 하는데, 아버지로부터 '인지'를 받았으면 친자나 양자와 마찬가지로 제1순위의 상속인이 된다. 그리고 태아

199

에게도 상속권이 있다.

피상속인에게 숨겨 놓은 자녀가 있고 그 자녀를 인지하고 있었다든지, 어렸을 때 다른 집에 양자로 보낸 자녀가 있는 경우도 있을 수 있다. 이 경우 피상속인의 〈제적등본〉, 〈가족관계 증명서〉를 발급받아 상속인이 누구인지 확정하는 것이 필요하다.

〈가족관계 증명서〉는 피상속인의 출생에서 사망까지의 경과가 빠짐없이 나와 있다. 가족관계가 결혼이나 전적(轉籍) 등으로 변경되기 때문에, 정당한 상속인을 알아내기 위해서는 단절 없이 이어져 있는 피상속인의 〈가족관계 증명서〉가 필요하다.

(4) 행방불명 | 상속인 가운데 누군가가 가출하거나 증발해서 행방을 알 수 없는 경우에는 실종 선고 신청을 할 수 있다. 실종 선고를 받게 되면 사망한 것으로 의제되므로 실종 선고를 받은 자는 실종 기간이 만료된 때에 사망한 것으로 보아 상속이 개시된다.

재산을 물려받고 상속세 납부를 마친 후라도 행방불명자의 생존이 확인되면 가정법원은 본인 또는 이해관계자의 청구에 의해 실종 선고를 취소할 수 있다. 그러면 실종 선고에 의해 재산을 받은 상속인은 수령한 상속재산이 현존하는 한도에서 반환해야 한다.

(5) 대습상속 | 상속인이 되어야 할 사람(자녀)이 피상속인의 사망 전에 세상을 떠났거나 어떤 이유에서 상속권을 잃었을 때는 그 사람의 직계비속(손자)이 상속인이 된다. 대습상속은 본래 상속인이 되어야 했을 사람을 대신해서 상속받는 것이므로 자녀가 먼저 사망하여 손자

가 상속인이 되었을 경우, 손자는 자녀와 마찬가지로 제1순위의 혈족 상속인으로 간주된다.

　자녀가 먼저 사망했기 때문에 손자가 상속인이 되는 사례가 전형적인 대습상속인데 형제 중에서 대습상속이 발생하는 경우도 있다. 피상속인에게 자녀가 없고 직계존속(부모)도 이미 사망했을 때는 형제자매가 상속인이 되는데, 그 형제자매가 이미 사망한 경우에는 사망한 형제자매를 대신해서 그 자녀(조카)가 상속인이 된다. 형제자매의 경우는 조카 대에서 대습상속이 중지된다.•

대습상속 구분 — 우리나라의 경우

구 분	내 용
피대습자	제1순위 상속인(피상속인의 아들, 딸) 제3순위 상속인(피상속인의 형제자매)
대습자	피대습자의 직계비속(피상속인의 손자) 피대습자의 배우자(피상속인의 며느리, 사위)
대습상속 사유	피대습자의 상속 개시 전 사망, 상속 결격

[표 8-8]

　⑥ **상속 결격** | 위법 행위(살인이나 사기 등)를 했기 때문에 상속인으로서 자격이 없다고 인정된 사람은 상속할 수 없다. 이것이 '상속 결격'으로 다음과 같은 경우가 있다.

● 우리나라의 경우 제1순위 상속인(피상속인의 아들과 딸) 또는, 제3순위 상속인(피상속인의 형제자매)이 상속 개시 전에 또는 동시에 사망하거나 상속결격이 된 경우 그 사람의 직계비속(피상속인의 손자), 배우자(피상속인의 며느리, 손자)가 대신 상속하는 것을 대습상속이라 한다. 방계혈족(3촌, 4촌)에게는 대습상속이 인정되지 않지만, 배우자는 대습상속인이 되며 재대습 상속도 인정된다.

① 고의로 직계존속, 피상속인, 그 배우자 또는 상속의 선순위자나
　동순위자를 살해하거나 살해하려 한 경우
② 고의로 직계존속, 피상속인과 그 배우자에게 상해를 가하여 사망
　에 이르게 한 경우
③ 사기 · 강박으로 피상속인의 상속에 관한 유언 또는 그 철회를 방
　해한 경우
④ 사기 또는 강박으로 피상속인의 상속에 관한 유언을 하게 한 경우
⑤ 피상속인의 상속에 관한 유언서를 위조 · 변조 · 파기 또는 은닉
　한 경우

3. 법정상속분과 상속재산분할 방법

(1) 법정상속분 |　상속인이 2인 이상인 경우는 상속재산을 어떻게 나
눌지 정해야 한다. 상속재산을 나누는 것을 상속재산분할이라고 하고
그 비율을 '상속분' 이라고 한다.

　민법에서는 상속재산분할에 관해 원칙을 정해 놓았다. 민법으로 정
해진 상속분을 법정상속분이라고 한다. 기본적으로 모든 상속인의 법
정상속분은 동일하고, 배우자의 경우에는 5할을 가산한다.

① 상속인이 배우자와 자녀 한 명일 경우 → 배우자:자녀=1.5:1
② 상속인이 배우자와 자녀 두 명일 경우 → 배우자:자녀1:자2=1.5:1:1
③ 상속인이 배우자와 직계존속일 경우 → 배우자:부:모=1.5:1:1

⑵ 상속재산분할 방법 | 상속인이 복수일 때에는 누가 어떤 재산을 어느 정도의 비율로 상속할지를 협의해 상속재산 분배 방법을 정해야 한다. 상속재산의 분배는 '상속재산분할'이라고 한다.

먼저 상속인을 확정하고 그 다음 상속재산을 확정한 후 재산 목록을 작성한다. 유언이 있을 경우에는 그것이 우선시되고, 없을 경우에는 상속인들 간의 협의에 의해 상속분을 나눌 수 있다. 반드시 법정 상속분대로 나눌 필요는 없다. 또 상속재산분할은 정해진 기한이 없지만, 상속세 신고 기한까지 상속재산분할이 정해지지 않으면 배우자상속 공제특례를 적용받을 수 없으므로 그때까지 상속재산을 분할하는 것이 좋다.

상속인들끼리 상속재산분할이 확정되었을 경우에는 상속재산분할 협의서를 작성한다. 상속재산분할 협의서 작성의 경우 법에 정해진 규칙은 없지만 아래 두 가지는 주의할 필요가 있다.

① 상속인 전원의 이름을 기록할 것
② 인감 등록이 된 인감 도장을 찍고 인감증명서를 첨부할 것

또한 상속인 중에 미성년자가 있을 경우 가정법원에서 특별대리인 선임을 받은 대리인이 협의를 해야 한다.

상속재산분할에는 구체적으로 다음과 같은 방법이 있다.

① 현물 분할 : 누가 어떤 재산을 소유할 것인지 정하는 방법으로 가장 일반적인 방법
② 대상(代償) 분할 : 한 상속인이 법정상속 지분 이상의 재산을 취득하는 대신 다른 상속인들에게 금전을 지불하는 방법
③ 대물(代物) 분할 : 한 상속인이 법정상속 지분 이상의 재산을 취득

하는 대신 다른 상속인들에게 다른 물건을 주는 방법

④ 환가(換價) 분할 : 상속재산을 모두 매각하여 그 대금을 분할하는 방법

⑤ 공유 분할 : 땅 등을 공유로 해서 각자의 지분으로 나누는 방법

위와 같은 방법을 잘 검토해서 형편에 맞게 응용하는 것이 가능하다. 상속재산의 공유, 즉 상속재산을 상속인 전원이 함께 공유하는 방법도 있다.

(3) 유류분(遺留分)이란 | 유언장은 법정상속분보다 우선하는 효력이 있어서 피상속인은 자기 재산을 유언에 따라 마음대로 처분할 수 있다. 그러나 터무니없이 자유롭게 할 경우, 예를 들어 애인이나 남에게 줘 버려서 가족의 생활이 곤란해지는 경우도 생길 수 있다. 그래서 이런 사태를 피하기 위해 일정한 범위의 상속인이 최소한으로 상속할 수 있는 재산을 보장하고 있다. 이것이 바로 '유류분(遺留分)' 이다. 유류분이 침해당했다는 것을 알게 되었을 때는 상대방에게 재산 반환 청구를 할 수 있다. 이것을 '유류분 반환청구(遺留分 返還請求)' 라고 한다. (표 8-9, 10 참조)

유류분 반환청구는 상대방에게 반환을 청구하는 의사 표시를 하면 되고, 상대방이 응하지 않을 경우에는 법원에 민사소송을 제기할 수 있다. 유류분 반환청구는 상속이 있다는 것이나 반환하여야 할 증여 또는 유증의 사실을 안 때로부터 1년 이내에 하여야 한다.

- 유류분 산정 시 재산가액 = 피상속인의 사망 당시 재산가액 + 증여한 재산가액 - 채무액•

(4) 특별 수익과 기여분 │ 상속인 중에서 유증을 받거나(유언으로 증여하는 것), 생전에 자금 지원을 받은 자가 있을 때 이것을 '특별 수익'이라고 하며 상속을 미리 받은 것으로 간주하여 상속분에서 차감한 후 계산한다.

① 피상속인의 사업에 관한 노무의 제공

② 피상속인의 사업에 관한 재산상의 급부(給付)

③ 피상속인의 요양 간호

위의 방법에 의해 피상속인의 재산 유지 또는 증가에 관하여 특별히 기여한 자가 있을 때는, 피상속인의 재산가액에서 '기여분'을 별도로 상속하고, 나머지를 배분하게 된다.

- 우리나라의 경우, 유류분 침해액 = 유류분 산정의 기초가 되는 재산액 × 상속인의 유류분 비율 - 상속인의 특별 수익액 - 상속인의 순상속액

유류분 산정의 기초가 되는 재산액 = 피상속인의 사망 당시 재산가액 + 증여한 재산가액 - 채무액

특별수익액 = 상속인이 피상속인으로부터 생전 증여 받은 액수 + 유언으로 받은 액수

순상속액 =상속인이 상속에 따라 얻은 재산액 - 상속채무 분담액

유류분의 비율 — 일본의 경우

법정상속인	배우자	자녀	부모	유류분 합계
배우자만 있는 경우	1/2	——	——	1/2
자녀만 있는 경우	——	1/2	——	1/2
배우자와 자녀	1/4	1/4	——	1/2
부모만 있는 경우	——	——	1/3	1/3
배우자와 부모	1/3	——	1/6	1/2

[표 8-9]

유류분의 비율 — 우리나라의 경우

법정상속인	배우자	자녀	부모	유류분 합계
배우자만 있는 경우	1/2	——	——	1/2
자녀만 있는 경우	——	1/2	——	1/2
배우자와 자녀1명	$3/5 \times 1/2$	$2/5 \times 1/2$	——	1/2
부모만 있는 경우	——	——	1/3	1/3
배우자와 부모	$3/7 \times 1/2$	——	부 $2/7 \times 1/3$ 모 $2/7 \times 1/3$	17/42

[표 8-10]

상속인별 유류분

- 피상속인의 배우자 — 법정상속분의 1/2
- 피상속인의 직계비속 — 법정상속분의 1/2
- 피상속인의 직계존속 — 법정상속분의 1/3
- 피상속인의 형제자매 — 법정상속분의 1/3

4. 상속재산이란?

(1) 상속세가 부과되는 재산 | 민법상 상속재산으로 되어 있는 것은 모두 상속세 과세 대상이다. 즉 고인이 상속 개시 당시 소유하고 있던 토지, 건물, 입목(立木), 사업(농업)용 재산, 유가증권, 가사용 재산, 귀금속, 보석, 서화, 골동품, 전화가입권, 예금, 현금 등의 모든 재산이 상속세 과세 대상이 된다(표 8-11 참조).

(2) '간주상속재산'에는 어떤 것이 있나 | 상속세가 부과되는 재산은 '본래의 상속재산' 외에 세법이 상속재산이라고 간주하는 '간주상속재산'이 있다. 상속세법에서는 피상속인이 소유하고 있던 재산 이외의 것에도 상속세를 부과한다는 규정을 두고 있다. '간주상속재산' 중에서 '보험금'과 '퇴직금'이 대표적이다(그표 8-12참조).

(3) 상속세가 부과되지 않는 재산 | 상속받는 재산 중 일정 규모 이하의 묘지나 제사 도구 등이 비과세 대상이 된다(표 8-14, 15 참조).

(4) 부채는 상속재산에서 공제한다 | 채무로 상속재산에서 공제할 수 있는 것은 주택 대출금, 의료비 등의 미지급 채무, 미납한 세금과 장례식 비용 등이다. 임대 부동산의 임대 보증금도 결국은 되돌려 주어야 할 금액이기에 채무로 볼 수 있다.

상속재산에서 공제할 수 있는 채무

- 일반 금융기관 등에 대한 채무
- 미납한 세금
- 기타 미지급 비용
- 임대 보증금 및 전세금

'상속재산' 으로 상속세가 부과되는 것 — 양국 동일

과세재산	본래의 상속재산	● 토지 등 : 논, 밭, 대지, 임야, 기타 토지 등 ● 건물 등 : 주택, 상가, 구축물 등 ● 사업용 재산 : 기계 등의 감가삼각 자산 등 ● 유가증권 : 주식, 출자금 등 ● 예금 : 현금, 예금, 금전신탁 등 ● 가정용 재산 : 가구, 서화, 골동품 등 ● 기타 : 입목(立木), 과수, 특허권 등

[표 8-11]

'간주상속재산' 으로 상속세가 부과되는 것 — 양국 유사(우리나라의 경우 '의제상속재산' 이라 함)

과세재산	간주상속재산	● 보험금 : 생명보험금, 손해보험금 ● 신탁재산 : 피상속인이 신탁한 재산 ● 퇴직금 : 퇴직금, 퇴직수당, 공로금, 연금 또는 이와 유사한 것으로서 피상속인에게 지급될 것

[표 8-12]

'기타상속재산' 으로 상속세가 부과되는 것 — 우리나라의 경우

과세재산	사전증여재산	● 상속 개시일 전 10년(5년) 이내에 피상속인이 상속인(상속인이 아닌 자)에게 증여한 재산가액 - 이 경우 당초 증여할 당시의 재산평가액을 상속재산가액에 합산한다
	추정상속재산	● 상속 개시 전 재산 종류별로 1년 내 2억 원 이상, 2년 내 5억 원 이상의 재산을 처분 또는 인출한 경우로서 그 용도가 불분명한 경우 ● 상속 개시 전 1년 내 2억 원 이상, 2년 내 5억 원 이상의 채무가 발생된 경우로서 그 용도가 불분명한 경우

[표 8-13]

과세 대상에서 제외되는 재산 일곱 가지 — 일본의 경우

비과세재산	<ul><li>묘지, 묘석, 제구 등</li><li>공익 사업용 재산 : 종교 등 공공용으로 기부한 것</li><li>생명보험금 : 500만 엔 × 법정상속인분</li><li>사망퇴직금 : 500만 엔 × 법정상속인분</li><li>조위금 : A. 업무상 사망 (3년분 급여) 　　　　 B. 그 외의 사망 (6개월분 급여)</li><li>기타 : 공익법인에 대한 기부금</li></ul>
채무공제	<ul><li>채무 : 차입금, 미불금 등</li></ul>

[표 8-14]

과세 대상에서 제외되는 재산 — 우리나라의 경우

비과세재산	<ul><li>전사, 기타 이에 준하는 사망으로 상속이 개시되는 경우 모든 상속재산</li><li>국가 또는 공공단체에 유증한 재산</li><li>선조의 분묘에 속한 임야(9,900㎡ 이내)와 묘토인 농지(1,980㎡ 이내), 족보 및 제사 도구</li></ul>
상속세 과세가액 불산입	<ul><li>종교 · 공익을 목적으로 사업을 영위하는 공익법인 등에 출연한 재산의 가액(신고기한 내에 출연한 경우에 한함)</li></ul>
채무, 공과금, 장례비용	<ul><li>채무</li><li>공과금 : 피상속인이 부담해야 할 조세 등</li><li>장례비용 : 장례에 직접 지출된 금액</li><li>장례비용 공제액 = min [가. max(①500만 원, ②장례지출금액), 나. 1,000만 원] + min[①납골시설 사용을 위해 지출한 금액, ② 500만 원]</li></ul>

[표 8-15]

5. 상속세법 상 상속재산 평가 방법

상속세법에서는 피상속인 사망한 시점 즉, 상속 개시일 현재의 시가로 상속재산 가액을 평가하는 것이 원칙이다. 다만, 상속재산 가액의 시가를 확인하기 어려운 경우에는 보충적인 평가 방법을 사용하여 평가할 수 있다. 보충적인 평가 방법을 적용할 경우 토지는 상속 개시 당시의 개별 공시지가로 평가한다. 건물은 상속 개시 당시의 기준시가로, 주택은 개별 주택 가격 등으로 평가를 하게 된다.

주요 재산의 평가방식 — 일본의 경우

재산의 종류	평가 방식
택지	● 시가지 : 노선가식 ● 교외지 : 배율방식
임대지	택지 가치액-차지권 가격
사도(私道)	● 불특정 다수가 통행……0 ● 그 외 : 통상 평가액×0.3
가옥	● 셋집 : 고정자산세 평가액 - 차가권 가격 ● 기타 : 고정자산세 평가액×1.0
차지권	택지 가격×차지권의 비율
차가권	가옥의 가격×차가권의 비율(일반적으로는 평가하지 않는 경우가 많다)
예금	예입잔액+기(旣)경과 이자
상장주식 · 비상장주식	표 8-19 참조
일반 동산	조달가액
서화 골동품	매매실제가격(시가), 전문가 의견 가격 등을 참작
전화가입권	통상 거래가액
골프회원권	통상 거래가액×0.7

[표 8-16]

토지의 평가방법 — 일본의 경우

종 류		평 가 방 식
자용지(自用地)	토지소유자의 거주용이나 사업용 모든 토지	노선가식 또는 배율 방식
임대택지	타인에게 빌려 준(차지권이 설정되 어 있는) 택지	자용지의 평가액×(1-차지권 비율)
대가(貸家)건부지	토지소유자가 연립주택 등의 셋집(貸家)을 지은 택지	자용지의 평가액×(1-차지권 비율×차가권 비율)
차지권	토지를 빌려 자기 건물을 지은 택지	자용지의 평가액 × 차지권 비율
농지	순수 농지	배율 방식
	중간 농지	배율 방식
	시가지 주변 농지	시가지 농지의 평가액×0.8
	시가지 농지	택지 비준 방식(택지 조성비를 공제한다) 또는 배율 방식
산림	순수 산림	배율 방식
	중간 산림	배율 방식
	시가지 산림	택지 비준 방식(택지 조성비를 공제한다) 또는 배율 방식
기타	원야(原野), 목장, 지소(池沼), 광천지(鑛泉地)	택지 비준 방식(택지 조성비를 공제한다) 또는 배율 방식
	잡종지	부근 토지 비준가액 방식 또는 배율 방식

[표 8-17]

광대지 평가 — 일본의 경우

광대지의 종류	원칙적인 평가법	광대지의 평가 특례
시가지, 농지, 산림 등	택지 비준 방식 또는, 배율 방식	도시계획법에 규정된 개발로 발생하는 쓸모없는 땅(도로, 공원용지 등)을 견적, 유효택지 비율을 구해 평가한다.
광대한 택지(공지)	노선가식 또는 배율 방식	

- 광대지의 평가=원칙적 평가액÷길이 가격보정 전의 가액×유효 택지 비율
- 유효 택지 비율= 광대지의 지적(地積) - 도로·공원용지 등 공익 시설 용지가 되는 부분의 지적) ÷광대지의 지적

[표 8-18]

주식의 평가방법 — 일본의 경우

종류	평가기준	평가방법
상장주식	거래 가격	❶ 상속 개시일의 종가 ❷ 상속 개시일이 속한 달의 종가 평균액 ❸ 상속 개시일이 속한 전월의 종가 평균액 ❹ 상속 개시일이 속한 전전월의 종가 평균액 ● 위 네 가지 경우 중 가장 낮은 가격
유동성공급자 상장 등이 있는 주식	원칙적으로 거래 가격	❶ 상속 개시일의 종가 ❷ 상속 개시일 이전 3개월간 거래 가격의 월 평균액 ● 원칙적으로 위 두 가지 중 낮은 가격
거래 상장이 없는 주식	회사의 이익 · 배당 · 자산가치 또는 상속세 평가기준에 의한 순자산가액	● 오너 주주의 경우 　대기업 : 원칙적으로 유사업종 비준가액 　중기업 : 유사업종 비준가액과 순자산가액의 병용 방식에 의한 가액 　소기업 : 순자산가액(또는 유사업종 비준가액과의 병용 방식에 의한 가액) ● 오너 주주 이외의 경우 　배당 환원가액

[표 8-19]

부동산의 보충적 평가방법 — 우리나라의 경우

토지	개별 공시지가
일반 건물	건물의 신축가격 · 구조 · 용도 · 위치 · 신축연도 등을 참작하여 매년 1회 이상 국세청장이 산정 · 고시하는 가액
오피스텔 및 상업용 건물	국세청장이 토지와 건물의 가액을 일괄하여 산정 · 고시하는 가액, 고시한 가액이 없으면 일반 건물과 같은 방법으로 평가
주택	개별주택 가격 및 공동주택 가격

[표 8-20]

주식 및 출자지분에 대한 보충적 평가방법 — 우리나라의 경우

상장주식	평가기준일 이전·이후 각 2월간에 공표된 매일의 증권거래소 최종시세가액의 평균액
코스닥상장주식	평가기준일 이전·이후 각 2월간에 공표된 매일의 증권업협회 기준가격의 평균액
비상장법인의 주식	● 1주당가액 = [1주당 순손익가치×3+1주당 순자산가치× 2]÷ 5 ● 부동산 과다법인의 경우 순손익 가치와 순자산 가치를 각각 2와 3의 비율로 가중평균

[표 8-21]

장례식 비용으로 인정되는 것

- 시신의 발굴 및 안치에 직접 소요되는 비용
- 묘지 구입비(공원묘지 사용료를 포함)
- 비석, 상석 등 장례에 직접 소요된 제반 비용

장례식 비용으로 인정되지 않는 것

- 49제에 소요된 비용

6. 상속세 계산과 신고는?

상속세를 계산하려면 상속한 재산에는 어떤 것이 있고 그것들이 얼마로 평가되는지를 알아야 한다. 그 후 실제로 어느 정도 상속세가 부과될지 계산하는 단계를 거쳐야 한다.

상속세 산출은 총 상속재산 가액, 상속세 과세가액, 과세표준과 상속세 산출세액, 최종 납부할 세액 계산의 4단계로 이루어진다(표 8-22참조).

(1) 상속세 과세가액을 계산한다 | 상속세 산출은 과세가액을 계산하는 것부터 시작된다. 상속으로 인해 과세해야 할 대상이 되는 총 상속재산에서 비과세, 상속세 과세가액 불산입 재산, 채무·공과금·장례비용 등을 차감하여 산출한다.

상속세과세가액 산출 순서

상속세과세가액 = ① 상속(유증) 재산 + ② 간주상속재산 + ③ 사전증여재산 + ④ 추정 상속재산 - ⑤ 비과세 상속재산 - ⑥ 상속세 과세가액 불산입 재산 - ⑦ 공과금·장례 비용·채무

총 상속재산을 평가해서 모두 더한다	① 민법상 상속(유증)재산 ② 간주상속재산 ③ 사전증여재산 ④ 추정상속재산
총 상속재산에서 차감할 금액을 계산한다	① 비과세 상속재산 ② 상속세 과세가액 불산입 재산 ③ 공과금 · 장례 비용 · 채무
상속세 과세표준을 구한다	상속세 과세가액 - 상속공제 - 감정 평가 비용
상속세 산출세액을 구한다	상속세 과세표준 × 상속 세율
상속세 납부할 세액을 구한다	산출세액 + 세대 생략 상속에 대한 할증 과세액 - 세액 공제 + 가산세
상속세를 납부할 세액은 각 상속인이 받은 상속재산의 한도 내에서 연대납세의무를 진다	

[표 8-22]

(2) 상속세 총액을 계산한다 │ 상속세 계산과 관련된 상속공제액이란 상속세 과세가액에서 차감되는 금액을 말한다. 크게 인적 공제와 물적 공제로 구분되고, 인적 공제는 다시 기초공제, 배우자상속공제, 기타 인적 공제, 일괄 공제 등이 있다. 물적 공제는 가업상속공제, 영농상속공제, 금융재산상속공제, 재해손실공제 등이 있다.

상속세 과세가액을 구해 이 금액이 상속공제 합계액 이하라면 납부해야 할 상속세액이 없으며, 신고를 하지 않더라도 무방하다.(표8-23, 24, 25참조)

상속세 속산표 — 일본의 경우

법정 상속분	세율	세율공제액
1,000만 엔 이하	10%	—
1,000만 엔 초과 3,000만 엔 이하	15%	50만 엔
3,000만 엔 초과 5,000만 엔 이하	20%	200만 엔
5,000만 엔 초과 1억 엔 이하	30%	700만 엔
1억 엔 초과 3억 엔 이하	40%	1,700만 엔
3억 엔 초과	50%	4,700만 엔
〈예〉 법정상속분이 1,500만 엔일 경우 : 1,500만 엔×0.15 - 50만 엔=175만 엔		

[표 8-23]

상속세 속산표 — 우리나라의 경우, 기존 내역

과세 표준	세율	누진공제액
1억 원 이하	10%	—
1억 원 초과 5억 원 이하	20%	1,000만 원
5억 원 초과 10억 원 이하	30%	6,000만 원
10억 원 초과 30억 원 이하	40%	1억 6,000만 원
30억 원 초과	50%	4억 6,000만 원
〈예〉 상속세 과세표준이 2억 원인 경우 : 　2억 원×0.2 - 1,000만 원 = 3,000만 원 (상속세 산출세액)		

[표 8-24]

상속세 속산표 — 우리나라의 경우, 2008 개정안

과세 표준	2009년(세율적용)	2010년이후(세율적용)
5억 원 이하	7%	6%
5억 원 초과 15억 원 이하	16%	15%
15억 원 초과 30억 원 이하	25%	24%
30억 원 초과	34%	33%
〈예〉 상속세 과세표준이 2억 원인 경우 : 　2억 원×0.06=1,200만 원 (상속세 산출세액, 2010년 이후)		

[표 8-25]

상속공제 종류 — 우리나라의 경우

상속공제 종류	공제 내용과 요건
기초공제	2억
배우자상속공제	피상속인의 배우자가 있는 경우 : 최소 5억 원~최대 30억 원 max[min(가. ①배우자 실제 상속가액 ②배우자 법정상속 범위 내 금액, ③ 30억 원), 나. 5억 원] 배우자 법정상속 범위 내 금액 = 기준금액 × 배우자의 법정상속분 - 배우자에게 증여한 재산의 증여세 과세표준
기타 인적공제	① 자녀공제 : 자녀 1인당 3,000만 원 ② 미성년자공제 : 미성년자 1인당 500만 원 × 20세에 달하기까지의 연수 ③ 연로자 공제 : 60세 이상인 자 1인당 3,000만 원 ④ 장애인 공제 : 장애인 1인당 500만 원 × 75세에 달하기까지의 연수
일괄공제	5억 원('기초공제+기타인적공제' 의 금액과 비교해서 큰 것으로 공제 가능)
가업상속공제	max[2억 원, min(가업상속재산가액 × 20%, 30억 원)]
영농상속공제	영농상속재산가액 (2억 원을 한도로 함)
금융재산상속공제	● 순금융 재산가액이 2,000만 원을 초과하는 경우 　min(가. max[①당해 순금융 재산 가액 × 20%, ②2,000만 원], 나. 2억 원) ● 순금융 재산가액이 2,000만 원 이하인 경우 　당해 순금융 재산가액 전액
재해손실공제	상속세 신고기한 이내에 화재 · 붕괴 · 폭발 · 환경오염사고 · 자연재해 등의 재산으로 인하여 상속재산이 멸실 · 훼손된 경우 손실된 상속재산 가액을 공제

[표 8-26]

⑶ 각 개인별 상속세 부담세액 및 연대납세 의무 |

① 상속세 총액을 상속재산 지분 비율대로 안분한다.

상속세 총액은 상속 등으로 재산을 취득한 사람 전원이 부담해야 할 총 세액을 나타내는 것이다. 그러나 총세액만 가지고는 상속인이 각각 얼마만큼씩 나누어 상속세를 부담해야 하는지 알 수 없다. 그래서 상속재산을 취득한 각 개인이 얼마의 세금을 납부해야 하는지를 계산할 필요가 있다. 이것은 상속인과 수유자(受遺者)들이 실제로 취득한 상속재산가액을 근거로 계산한다. 즉, 상속세 총액을 각 개인이 취득한 재산의 과세가액으로 안분하는 것이다.

② 연대납세 의무

원칙적으로 각 상속인은 상속받은 지분 비율대로 상속세를 부담해야 한다. 하지만, 상속인 중 자신이 부담해야 할 세금을 납부하지 않는 경우 상속세법은 다른 상속인에게 이 세금을 징수할 수 있도록 연대납세 의무제도를 두고 있다. 이러한 연대납세의무는 무한책임이 아니라 각 상속인들이 받은 상속재산의 범위 내에서만 부담한다.

⑷ 상속세 할증과세 | 상속인 또는 수유자가 피상속인의 자녀를 제외한 직계비속인 경우에는 상속세 산출세액에 피상속인의 자녀를 제외한 직계비속이 상속받은 재산가액 비율에 30%를 가산해서 상속세를 납부해야 한다. 예를 들어 할아버지가 사망하면서 상속인인 아들이 살아 있음에도 손자에게 상속을 하도록 한 경우에는 그 손자가 받은 상속재산가액 비율에 대한 상속세에 대해서는 30%를 추가로 가산하여 세금을 납부해야 하는 것이다.

⑸ **상속세의 세액공제** | 상속세에서 공제할 수 있는 항목은 여섯 종류가 있다 (표 8-28 참조).

① 증여세액 공제

② 배우자의 세액 경감

③ 미성년자 공제

④ 장애인 공제

⑤ 상차(相次) 상속 공제

⑥ 재외재산(在外財産)에 대한 공제

배우자의 세액 경감을 활용한다

여섯 종류의 세액공제 중 가장 절세 효과가 큰 것은 배우자 세액공제이다. '배우자의 세액경감'이라는 용어에서도 알 수 있는 것처럼 피상속인의 배우자 세 부담을 대폭 경감하는 것이다.

피상속인의 배우자가 취득한 재산의 과세 가격이 법정상속분 이하라면, 취득액이 아무리 많아도 상속세는 부과되지 않는다. 혹은 배우자의 취득액이 법정상속분을 초과해도 그 액수가 1억 6,000만 엔 이하라면 상속세는 부과되지 않는다.

이 배우자 세액공제를 받기 위해서는 다음 두 가지 조건이 필요하다.

— 혼인신고가 되어 있는 법률상의 배우자일 것

— 상속세 신고기한까지 상속인·포괄 수유자 간에 유산분할이 확정되어 있을 것

상속인끼리 유산분쟁이 있어, 신고 때까지 분할을 할 수 없는 경우는 경감 특례를 받을 수 없다. 단, 상속세 신고기한부터 3년 이내에 유

산이 분할되었을 때는 경감 특례를 받을 수 있다.

우리나라의 경우 : 상속세 산출세액에서 공제할 수 있는 세액공제의 종류는 다음과 같다. (표 8-27 참조)
① 신고세액 공제
② 증여세액 공제
③ 단기 재상속 세액공제
④ 외국납부 세액공제

상속세 세액공제 종류 — 우리나라의 경우

세액 공제 종류	공제 내용과 요건
신고세액 공제	상속 개시일로부터 6개월 이내에 신고하면 10%, 세액을 납부하지 않더라도 세액공제혜택을 받을 수 있음
증여세액 공제	상속재산에 가산한 10년(5년) 내 증여재산가액이 있는 경우 그 증여재산에 대해 기납부한 증여세액이 있는 경우 이를 공제해 준다.
단기 재상속세액 공제	피상속인의 재산 중 10년 내에 상속으로 받은 재산의 경우에는 재산가액에 대해 기존 상속받은 날로부터 1년이 지날 때마다 10%씩 차감된 금액을 공제해 준다. 1년 이내~10년 이내 : 공제율 100%~10%(1년에 10%씩 차감)
외국 납부세액 공제	상속재산 중 국외에 재산이 있어, 이 재산에 대해 해당 외국에서 상속세를 납부한 경우 해당 외국 납부 세액을 공제해 준다

[표 8-27]

상속세 세액공제 종류 — 일본의 경우

세액 공제 종류	공제내용과 요건
증여세액 공제	• 상속 개시 전 3년 이내에 피상속인에게서 증여를 받은 경우는 상속재산에 가산. 납부한 증여세와 상속세의 이중과세를 조정하기 위해 다음과 같은 공식으로 계산한 금액을 공제 • 증여받은 해의 신고 증여세액 $\times \dfrac{\text{상속세 과세가격에 가산한 증여재산 가격}}{\text{증여받은 해의 증여재산 합계액(특정 증여재산 제외)}}$
배우자세액 공제 (배우자세액경감)	• 배우자의 생활을 보장하기 위해 세액을 경감하는 조치가 취해지고 있음. • 배우자가 취득한 재산이 법정상속분 또는 1억 6,000만 엔까지는 상속세가 과세되지 않음 상속세 총액 $\times \dfrac{\text{A 또는 B 중에서 적은 금액}}{\text{상속세의 과세가격 합계(유산총액)}}$ A. 상속세의 과세가격 합계(유산총액) 중 배우자의 법정상속분과 1억 6,000만 엔 중 많은 쪽 B. 배우자가 실제 상속으로 취득한 재산 가격
미성년자공제	• 무제한 납세의무자 (상속 또는 유증으로 재산을 취득한 개인으로 취득 시에 국내에 주소를 가지고 있는 자-옮긴이)로 미성년자일 경우 이 공제를 받을 수 있음 • 6만 엔×(20세 - 상속 개시 당시의 연령)
장애인공제	• 무제한 납세의무자로 장애인일 경우는 공제를 받을 수 있음 • 상속인이 70세 미만이고 장애인일 것 일반장애인 공제 = 6만 엔×(70세 - 상속 개시 당시의 연령) 중증장애인 공제 = 12만 엔×(70세 - 상속 개시 당시의 연령)
상차상속공제	• 피상속인이 사망 전 10년 내에 상속으로 재산을 취득했을 때, 전회(前回) 의 상속으로 상속세가 과세된 경우에 일정한 세액을 공제할 수 있음
재외재산에 대한 공제	• 상속 또는 유증으로 일본 국외에 있는 재산을 취득하여, 그 재산의 소재 국가에서 상속세에 상당하는 세금이 과세되었을 때는 일본에서 납부하는 상속세액에서 공제할 수 있음

[표 8-28]

⑹ 상속세 신고란? | 피상속인의 사망으로 상속이 개시되는 경우에는 상속 개시일로부터 6개월 이내에 상속세를 신고하고 납부하여야 한다. 상속세 신고는 상속세 과세표준 및 자진납부 계산서에 상속재산 명세서 등의 부표와 관련 서류 등을 첨부하여 피상속인의 주소지 관할 세무서에 제출하면 된다.

상속세 신고시 첨부할 서류

- 피상속인의 〈가족관계등록 증명서〉
- 〈유언장〉 또는 〈상속재산 분할협의서〉 사본
- 상속재산 관련 〈등기부등본〉, 〈토지대장〉, 〈건축물관리대장〉
- 피상속인의 〈예금잔액 증명원〉(상속 개시일 현재)
- 〈계좌거래 내역〉(각 계좌별 상속개시일로부터 10년분)
- 생명보험 등의 〈지급내역서〉
- 〈부채잔액 증명원〉(상속개시일 현재)
- 〈임대차 계약서〉
- 국세 · 지방세 납부영수증, 통지서 사본
- 기타 의료비 · 장례비 영수증

많은 사람들이 자신의 의사를 남기지 않은 채 세상을 떠나고 있다. 이로 인해 다툼이 끊이지 않는 가정이 있다는 것은 유감스러운 일이다. 이런 사례들을 접할 때마다 과연 '상속'이라는 것이 뭘까 계속 자문하는 습관이 생겼다. 답은 하나가 아니겠지만 물려준 재산을 나누는 것만이 상속의 전부가 아니라는 생각은 늘 들었다.

본래 상속은 돌아가신 분의 인생 자체를 존중하고 '의사'를 전달하는 의식이어야 한다. 그런데 언제부터인가 사회가 배금주의에 물들어 재산을 나누는 것만이 상속이라고 인식하게 되었다. 이제는 상속의 원점으로 돌아가 본래의 가치를 되찾고 싶은 마음이 절실하다. 상속을 둘러싼 가족 간의 갈등 사례를 가까이에서 무수하게 지켜본 결과일 것이다.

　　오랜 상속 상담의 경험을 통해, 상속이 지니고 있는 가치를 창출하기 위해서는 자신의 의사를 남기는 것이 무엇보다 중요함을 알게 되었다. 돌아가신 분이 자신의 의사를 남기지 않은 가정과 섬세하게 배려한 의사를 남긴 가정은 그 차이가 뚜렷했다.

　　'자신의 의사와 마음을 남기면, 자신도 가족도 행복하게 살 수 있다' 는 것이 상속의 본모습이라고 깨달은 후 상속 상담자에게 보다 희망적인 제안을 할 수 있게 되었다. 더불어 상속에 따르는 문제를 해결함으로써 좀 더 행복해질 수 있는 방법을 알려드리고자 책을 출간하게 되었다.

2008년 9월
소네 게이코